03 ゼロからはじめる建築知識

鉄筋コンクリート造

佐藤秀・SH建築事務所

はじめに

本書は既刊である「05 世界で一番やさしいRC・S造　監理編」と「06 世界で一番やさしいRC・S造　設計編」を統合し「03 ゼロからはじめる建築知識　鉄筋コンクリート造」と「04 ゼロからはじめる建築知識　鉄骨造」に編集しなおし、それぞれRC造（鉄筋コンクリート造)とS造（鉄骨造)の設計から監理までのポイントをまとめたものです。

本書には施工の内容や施工管理者の役割についての記述が多く書かれています。これは設計者としても現場での工事がどのように行なわれるのかを知ることで、設計や監理をするうえで押えておくべきポイントを確認し、無理や無駄を省くことができるからです。

RC造は自由度が高く複雑な形状に対応できる構造です。また剛性が高いため振動が少なく遮音性も高いので居住性に優れています。反面、部材の断面が大きいことや柱スパンが飛ばしにくいので大空間がつくりにくいなどのデメリットもあります。そうした部分も意識しながら読んでいただければと思います。

また、近年は住宅瑕疵担保履行法や省エネ法の改正など、建築を取り巻く環境が変化してきており、断熱性能などの設計の基本条件が変わることもあるので新しい情報の収集は積極的に行う必要があります。

若い設計者の方々に望むことは、自分のためそしてお客様のためにひたむきに仕事に取り組んでいただきたいということです。一本の線を引くにも、その背後には深い意味があることを知っていただきたいと思います。本書がその一助になれば幸いです。

平成22年7月吉日　　　伊勢文明

INDEX

第1章　地盤・基礎と地下室・外構の考え方 … 009

設計の流れ ……………………………………010
敷地と道路 ……………………………………012
地盤と地盤調査・改良 ………………………014
杭（くい）と基礎 ………………………………016
地下室の構造計画 ……………………………018
地下室の防湿 …………………………………020
外構計画 ………………………………………022
コラム　建築計画とセキュリティ ……………024

第2章　地震に強く性能のいい建物をつくる … 025

鉄筋コンクリート造の構造形式 ……………026
ラーメン構造①　柱・梁（はり）配置 …………028
ラーメン構造②　耐震壁 ……………………030
コンクリートと鉄筋の種類 …………………032
ラーメン構造の配筋（はいきん）計画 …………034

コンクリートの性能や強度 …………………………036
外断熱・内断熱の選び方 …………………………038
鉄筋コンクリート造の断熱設計 …………………040
界壁と床スラブの遮音設計 ………………………042
防水工法の選び方 …………………………………044
断熱防水の注意点 …………………………………046
コラム 躯体防水 ………………………………………048

第3章　デザインと性能に配慮した納まり…… 049

外装仕上げの種類と評価 …………………………050
打放しと塗装仕上げ ………………………………052
タイル、石張りの納まり …………………………054
壁面の目地の設計 …………………………………056
陸屋根の納まり ……………………………………058
斜屋根の納まり ……………………………………060
庇の納まり …………………………………………062
サッシ、玄関ドアの納まり ………………………064
バルコニーと防水仕様 ……………………………066
手摺・ドレン廻りの納まり ………………………068
掃き出し窓廻りの納まり …………………………070

床仕上げと下地の納まり…………………………………072

壁仕上げと下地の納まり…………………………………074

天井仕上げと下地の納まり………………………………076

床・壁・天井、各部の取り合い …………………………078

造付け家具と柱・梁型 ……………………………………080

敷居・鴨居の納まり………………………………………082

カーテンボックス・戸袋 …………………………………084

鉄筋コンクリート造の階段 ………………………………086

鉄骨階段の納まり …………………………………………088

木製階段の納まり …………………………………………090

コラム　鉄筋コンクリート外部階段の注意点…………092

第4章　工事現場で知っておきたいこと ………093

監理の基本 …………………………………………………094

鉄筋コンクリート造工事の流れ …………………………096

施工計画書・施工要領書 …………………………………098

施工図の種類と役割 ………………………………………100

躯体図………………………………………………………102

躯体工事の職方……………………………………………104

コラム　総合図の考え方 …………………………………106

第5章 施工の流れと現場で見るべきポイント … 107

- 杭工事 …………………………………… 108
- 根切りと山留め工事 ……………………… 110
- 地業 ……………………………………… 112
- 鉄筋の種類 ……………………………… 114
- 鉄筋の製品検査とミルシート …………… 116
- 配筋検査 ………………………………… 118
- コンクリートの調合と混和剤 …………… 120
- 生コン工場と配合計画書 ………………… 122
- 生コン打設手順とその方法 ……………… 124
- 生コンの受入れ検査 ……………………… 126
- 生コン打設中の作業 ……………………… 128
- 生コン打設トラブルと対策 ……………… 130
- 難しい打設とコールドジョイント ……… 132
- 暑中と寒中コンクリート ………………… 134
- 高強度コンクリート ……………………… 136
- 強度試験 ………………………………… 138
- 養生 ……………………………………… 140
- 補修と打放しの表面処理 ………………… 142

目地と止水対策 ……………………………… 144

型枠の種類と構成部材 ……………………… 146

打放し・階段・開口部の型枠 ………………… 148

階段の施工 …………………………………… 150

各種の割付図 ………………………………… 152

コラム 打放しコンクリートの魅力 …………………… 154

第6章　設備の考え方と設備工事の勘どころ …… 155

設備計画の基本 ……………………………… 156

給排水・衛生設備 …………………………… 158

給湯設備の考え方 …………………………… 160

配管ルートの考え方 ………………………… 162

冷暖房設備の考え方 ………………………… 164

換気設備の考え方 …………………………… 166

電気設備の考え方 …………………………… 168

給排水・衛生設備工事 ……………………… 170

電気設備工事 ………………………………… 172

空調設備工事 ………………………………… 174

本書は、エクスナレッジより刊行された「世界で一番やさしいRC・S造　監理編（2008年12月）」「世界で一番やさしいRC・S造　設計編（2009年1月）」から鉄筋コンクリート造（RC造）の内容を再編集および加筆・修正したものです。

第1章

地盤・基礎と地下室・外構の考え方

設計の流れ

建築の目的を明確に

建築の設計で重要なことは、建築を建てる目的を明確にすることです。建て主との打ち合わせで、要望や意思を引き出すとともに、社会的ニーズ、敷地・周辺環境、法規制などの与条件を整理したうえで、建築の目的を明確にしてから設計作業を始めましょう。建築の目的が明確でないと、基本設計、実施設計へと進んだ段階で、大きな設計変更やトラブルが発生する原因になります。

基本設計から実施設計の流れ

建築の目的を的確に把握したら、事業計画を策定します。これをもとに基本計画案を作成し、建て主の意思を確認したうえで決定します。その後、設計・工事の全体スケジュールを策定します。

基本計画案をもとに、建築主事などと法令、条例、要綱などについて事前の相談を行い、計画に反映させます。また、建て主や構造設計者、設備設計者と随時打ち合わせながら、平面、立面、断面計画、パース・模型などによる内外観のデザイン計画、構造・設備計画、仕様概要を決定、概算の建築費を算出のうえ決定します。ここまでが基本設計の作業となります。その後、仕上げ、仕様、備品、家具など詳細を決定した後に、実施設計を行うこととなります。

実施設計から確認申請へ

実施設計の前段階で、建築確認申請図書の準備作業となり、必要によっては事前協議を経ての提出が求められます。実施設計とは工事会社のために準備される図面で、各詳細設計図、仕様書、面積表、仕上表、建具表、展開図、構造計算、構造図、設備図、等々の建築工事に必要な図面一式です。この実施図面により見積りがなされ、建て主と建築施工会社の間で、工事請負契約を締結し、工事内容と工事費用が確定することになります（図1）。

建築の目的を明確にして、法に抵触することなく、建て主の合意を得ておきましょう

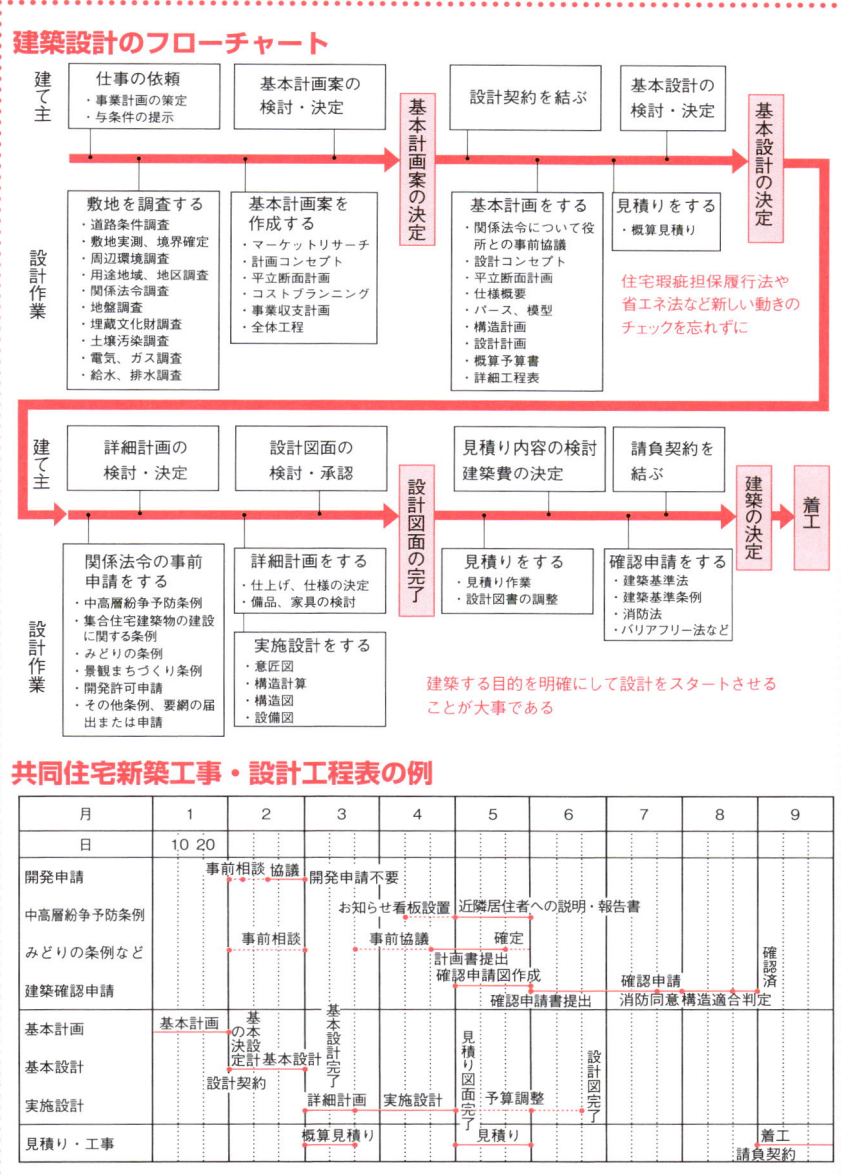

敷地と道路

建築敷地の条件

建築の設計をするうえでの重要なポイントに、建築敷地の条件があります。敷地の形状、面積、高低差、接道条件、法規制、近隣・周辺環境が建築計画を左右するので注意が必要となります。設計に着手する前に、敷地や周辺の調査をし、必要に応じて敷地境界や道路境界の実測量、高低測量、現況測量、真北測量を行い、敷地に接する道路が建築基準法上の道路かどうか、役行政庁などに出向いて調査する必要があります。

敷地形状と道路条件

道路の名称は国道、特別区道、市道、私道といった道路所有者・管理者によるものが一般的ですが、建築基準法第42条に規定する道路かどうか、敷地が道路に接する長さがどれだけあるのかが重要となります。建築基準法43条では、建築基準法上の道路が、敷地に2m以上接していない場合は原則として建築ができません。また、地方公共団体の条例では、建築の規模や用途に応じて、さらに厳しい接道条件や道路幅員による制限が付加されています。

東京都建築安全条例では、路地状敷地の制限があります。原則として路地状部分のみによって道路に接する敷地には、共同住宅などの特殊建築物は建築できません（図2）。

道路幅員に注意

実際の敷地で建築工事が可能かを、敷地に接する道路の幅員や荷重制限、周辺道路の状況などを考慮して検討します。敷地に接する道路幅員が十分でない場合、構造形式の選択が重要となります。鉄筋コンクリート造の場合、大型車両によるコンクリート打設や、資材の搬入経路の確保に必要な幅員があることを事前に調査しておかないと、建設工事にかなりの支障をきたすこととなり、工事金額に大きく影響します。

道路の幅員によっては、生コン車やクレーン車が横付けできない場合があるので注意しましょう

図2

道路の定義 —建基法42条—

建築基準法でいう「道路」とは、原則として公道など（1）の幅員4m以上のものをいう。ただし（2）の幅員4m未満の道でも建築基準法上の道路（いわゆる「2項道路」）とみなされる場合がある

（1）幅員が4m以上の道路 —建基法42条1項—

① 道路法による道路（国道・都道・区道などの公道）
② 都市計画法、土地区画整理法、都市再開発法などでできた道路
③ 建築基準法施行時（昭和25年11月23日）にすでに存在していた道
④ 上記①または②の法律により2年以内に事業が行われる予定のものとして特定行政庁（区長）が指定したもの
　（いわゆる「法42条1項4号道路」）
⑤ 土地を建築敷地として利用するために、新たにつくる道で、特定行政庁に申請して指定を受けたもの
　（いわゆる「位置指定道路」）

（2）幅員が4m未満の道路（いわゆる「2項道路」） —建基法42条2項—

幅員が4m未満の道であっても、建築基準法の施行時（昭和25年11月23日）にすでに建築物が建ち並んでいて、一般の交通に使用されており、その中心線が明確で、幅員が1.8m以上の道は、建築基準法上の「道路」とみなし、道路の中心線から両側にそれぞれ2m後退した線を道路境界線とみなす

道路の境界線とみなす線

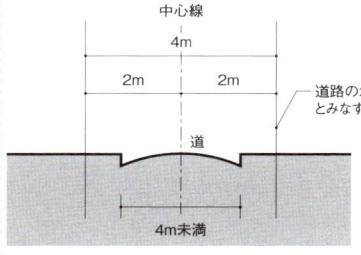

一般的に道路の中心より両側にそれぞれ2m後退した線を道路境界線とみなす

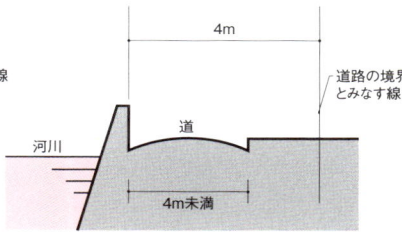

片側が護岸の場合など片側から4m後退した線を道路境界線とみなす

路地状の敷地

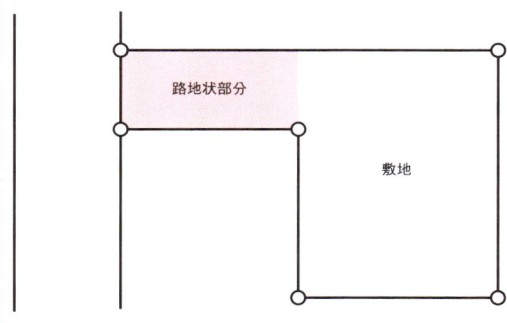

共同住宅など特殊建築物は、路地状部分のみによって道路に接する敷地には、原則として建築することはできない（敷地の形態により緩和されることがある）
（東京都建築安全条例第10条）

地盤と地盤調査・改良

土の種類

地盤を、建築物を支えるための土質工学的支持盤と定義すると、土はその構成分子です。土は粒子が大きくなるに従って、粘土、シルト、砂、れきといった名称がついています。

沖積層（ちゅうせきそう）と洪積層（こうせきそう）

沖積層は、1万年ほど前の大氷河時代の終わりから現在までに堆積された地層で、シルト、粘土、砂、れきなどで構成され、一般に軟弱な地盤が多いとされています。

これに対して洪積層は、200万年前から1万年前に堆積された地層で、この時代は気候が寒冷で大陸に氷河が発達し、現在の地盤面より50〜200mも深くに粗大な砂れきが厚く堆積したため、よく締まった強固な地層となっています。

洪積層の主体は砂れき層ですが、この期間は火山活動が活発だったため、段丘の上には火山灰が厚く堆積しています。関東地方ではこれを関東ローム層といい、このほかにも日本各地に洪積時代の火山灰土層が多く見られます（図3）。

地盤調査と基礎設計

鉄筋コンクリート造の建物では、小規模建物でもすべて当該敷地での地盤調査が必要となります。地盤調査には多数の調査試験方法がありますが、小規模建物では、ボーリングによる標準貫入（かんにゅう）試験が代表的です。

地盤改良

地盤調査の結果、地盤改良の必要があると認められた地盤性状の場合には地盤の改良が必要となり、締固め工法と言われる、主に液状化現象の対策に用いられる方法と固化工法と言われる、主に建築基礎の支持地盤の造成に用いられる工法があります。

地盤改良では、計画敷地の地盤性状などそれぞれの状況に応じて適切な工法を選択する必要があります。

すべての鉄筋コンクリート造の建物は、敷地の地盤調査が必要です

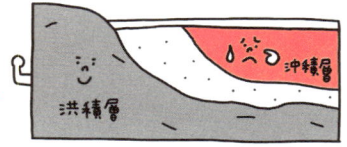

図3

土質名の区分と対応する土の構造

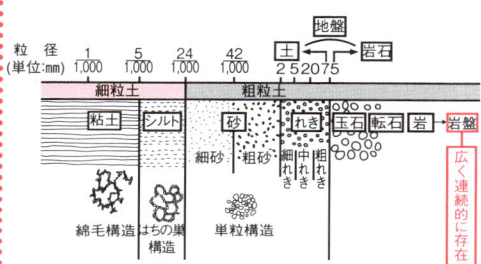

粒径により土質名が決まる

出典:「『基礎構造の設計』構造計算のすすめ方・6」
(社)日本建築学会関東支部

標準的な年代別地層

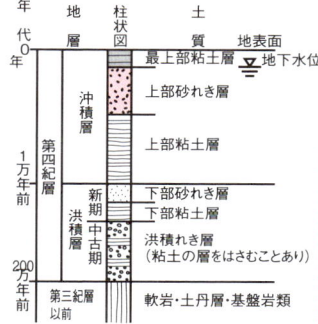

出典:「小規模建築物基礎設計の手引き」
(社)日本建築学会

地盤の現場的判定方法

	硬さ (コンシステンシー)	N値	現地での観察
粘性土	非常に軟らかい	2以下	こぶしが容易に10数cm入る
	軟らかい	2〜4	19mm径の鉄筋が容易に10数cm入る
	中くらい	4〜8	努力すれば19mm径の鉄筋が10数cm入る
	硬い	8〜15	親指でへこませられるが、突っ込むことは困難
	たいへん硬い	15〜30	ツメで印が付けられる
	非常に硬い	30以上	ツメで印が付けられない

注　一軸圧縮強度：$qu=12.5[KN/m^2]$

	締まり具合	N値	現地での観察
砂質土	非常にゆるい	0〜4	13mm径の鉄筋が手で容易に入る
	ゆるい	4〜10	スコップで掘削できる
	中くらい	10〜30	13mm径の鉄筋が5ポンドハンマで容易に入る
	密な	30〜35	13mm径の鉄筋が5ポンドハンマで30cmくらい入る
	非常に密な	35以上	13mm径の鉄筋が5cmくらいしか入らない。スコップで掘ると金属音を発する

注1　内部摩擦角：$\phi=\sqrt{20N}+15$
注2　5ポンドハンマはこぶし大のものである

出典:「小規模建築物基礎設計の手引き」(社)日本建築学会

杭と基礎

杭の選び方

杭は敷地条件などによる施工上の制約により選定され、その杭の性能に合わせて設計することが一般的です。杭の種類や施工方法の代表例を右頁に記しました。

杭工法の分類

杭の工法は、場所打ち工法、打込み工法、埋込み工法などに分けられます。場所打ちコンクリート杭の工法では、アースドリル工法、リバース工法、オールケーシング工法が代表的で、そのほかに、主に狭小地で用いられるBH工法や人力で掘削する深礎工法などがあります。特に建築工事では、施工性のよさ（小型機、中型機、大型機が揃っており多様性がある）からアースドリル工法の採用が多くなっています（図4）。

杭は、支持力を得る方法で支持杭と摩擦杭に分類され、材料によって場所打ちコンクリート杭、鋼杭、既製コンクリート杭などに分けられます。

直接基礎の考え方

杭は、建物の支持力を得る方法ですが、良好な地盤では直接地盤から支持力を得られ、直接基礎が可能です。

直接基礎の建物を計画する場合には、不同沈下しないよう荷重分布のバランスのよい建物の形状にする必要があります。

基礎形状の考え方

基礎形状は、地盤の構成・厚さ・成層状態、各地層の種類・強度特性・変形特性など、支持地盤の性質を十分に把握して決定します。

地下水位の高い砂地盤上に直接基礎を建設する場合は、液状化（水で飽和した砂の振動・衝撃などで間隙水圧が上昇し、せん断抵抗を失う現象）の可能性を検討する必要があります。

鉄筋コンクリート造の直接基礎としては、独立基礎や布（連続）基礎、ベタ基礎が使われます（図5）。

> 施工上の制約により杭は選定され、その性能に合わせて設計します

図4

場所打ち杭

①アースドリル工法

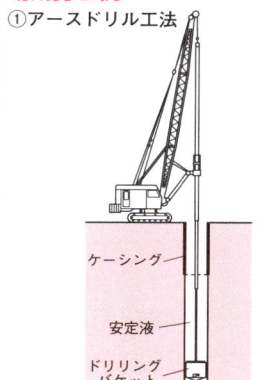

ドリリングバケットを回転させて掘削。バケット内に収納された土砂を地面に排土。表層はケーシング、それ以降は安定液で孔壁を保護

②BH工法

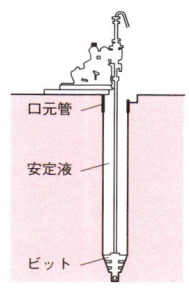

ボーリングマシンのロッド先端に取り付けたビットを回転させて掘削。グラウトポンプによりビット先端から安定液を噴出させ上昇水流により掘削土砂を孔外に排出

③深礎工法

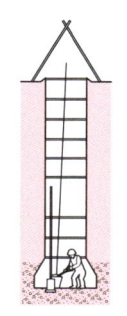

リングと波形鉄板で孔壁を保護しながら人力で掘削

図5

直接基礎

①独立基礎

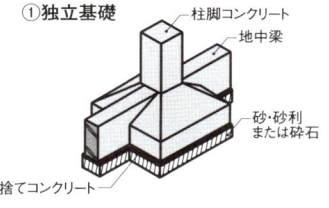

②布基礎(連続基礎)

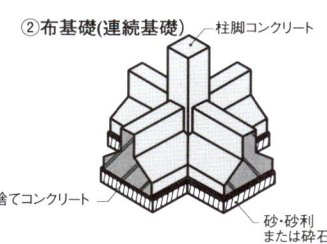

③ベタ基礎

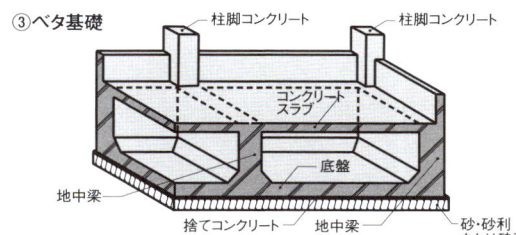

地下室の構造計画

地下室に求められるもの

地下室の設計では、地下の用途、規模などにより深さや広さなどの基本計画が決まり、これにもとづき、地盤性状を考慮した土圧、水圧にもとづいて地下外壁・基礎などの地下構造体が設計されます。地下壁は地下構造の剛性(ごうせい)を高める役割を担っているため、先の要件に加えて十分な剛性と強度、耐久性を備えたものとします。

地下室の工事では、根切り(ねぎり)・山留め(やまどめ)工事の仮設工事を伴い、山留めの工法などにより、敷地境界線と建物外壁面の寸法が決定します。これらは地下平面・配置計画にも関係し、また仮設計画は工事費や工期にも影響するので、これらの施工計画にも十分に留意しましょう。

地下室の構造計画

地下室の鉄筋コンクリート造外壁の壁厚は、地下の深さによって大きく異なりますが、地下1階で階高が3m前後の場合、25cm程度必要です。

地下に居室があり採光や自然換気が必要な場合は、ドライエリアを設けます。ドライエリアの擁壁(ようへき)は片持ち形式が多く、一般に壁の厚さが最下部で30～40cmとなります。ただし、上部に水平梁を設ければ一般の地下と同じ壁厚(25cm)となり、擁壁全体が地下室構造となるため、地震時に有効に働く構造となります。

傾斜地や段状造成地に建物を計画する場合は、片土圧に対する建物の転倒や滑りに配慮して、敷地全体の滑り面下に地下室や地下基礎を設けるのが有効です。

地下の常水位が高く、基礎・地下室構造が地盤深くまであり、上部構造が軽い建物では、地下水の浮力が発生し建物全体が浮き上がる危険があります。そのため、基礎・地下室構造の厚さなどを大きくし建物重量を重くするか、地下構造部分を浅くするとよいでしょう(図6)。

地下壁は十分な剛性と強度、耐久性を備えたものとします

図6

二重壁基礎内防水

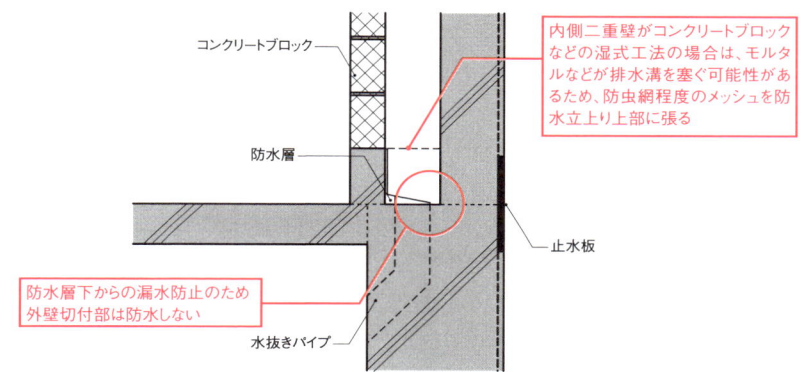

二重壁地下室の例

①擁壁のみの場合　　②水平梁で補強した場合

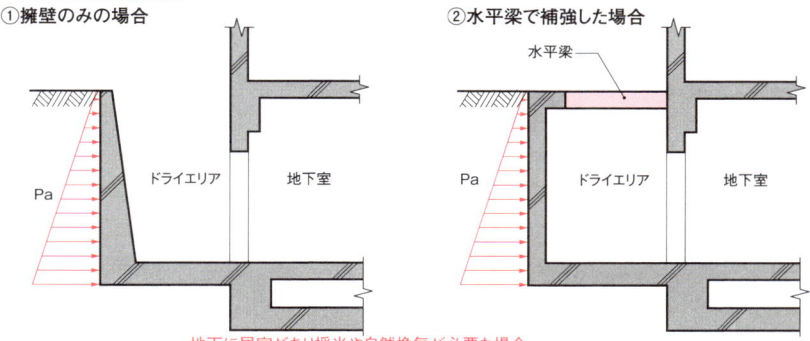

地下に居室があり採光や自然換気が必要な場合

出典:「建築構造の設計」日本建築構造技術者協会編

傾斜地の建物

建物の転倒や滑りを防止する

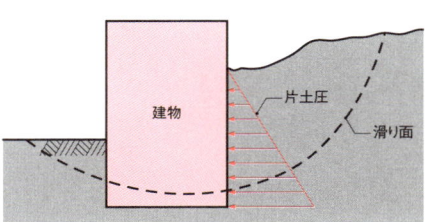

地下水による浮力の生じる建物

水圧による建物の浮き上りに注意する

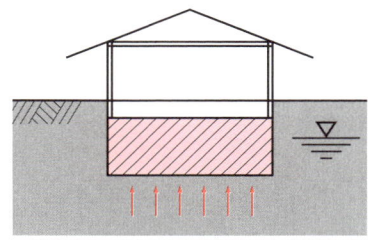

出典:「建築構造の設計」日本建築構造技術者協会編

地下室の防湿

防水工法の考え方

地下室の防水工法は、山留め工法、常水面の高さ、敷地面の勾配（隣地との高低差など）、前面道路勾配・公共下水道の整備状況、年間降水量の把握、近接地の河川など計画地とその周辺の状況を理解し、地下室の使用目的を明確にしたうえでコストを勘案し決定します。地下水の影響が大きい場所で地下に居室や湿気を嫌う収蔵庫のような部屋を設ける場合、コストがかかっても確実な防水工法を計画する必要があります。

外防水工法と内防水工法

外防水工法は、地下躯体の外側に防水層を施工する工法で、施工条件により先付けと後付けに分類されます。先付け工法は、建物を敷地一杯に施工する場合に、山留め壁面に防水層を施工した後、地下躯体のコンクリートを打設する工法で、市街地では一般的に行われている工法です（図7）。後付け工法は、建物周囲に余裕があり地下外壁廻りに余掘りが取れる場合、躯体完成後、直接外壁に防水処理を施す工法です。

内防水工法は、地下躯体の内側面に防水層を施す工法で、施工はしやすいのですが、クラックなどによって躯体の内部まで水が浸入し、防水層周辺でふくれなどが発生する可能性があります。

防湿対策と地下室の配管

土に接する壁に適切な防水・断熱を行い、室内の換気が機能するよう適切な防湿対策を講じ、結露するのを防ぎます（図8）。

地下室の配管は、外部の土中から直接地下室に躯体を貫通させて引き込むことは極力避け、上階の室内側より床スラブを貫通させて引き込むか、ピットを経由させて貫通させるようにして漏水の危険性を減少させることが必要です。やむをえず外部の土中から直接地下壁を貫通する場合は貫通部を止水処理し、貫通部が点検できる位置に点検口を設置します（図9）。

地下室には確実な防水工法の計画が必要です

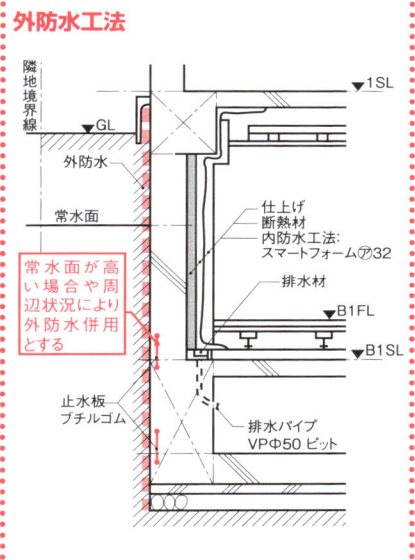

図7 外防水工法

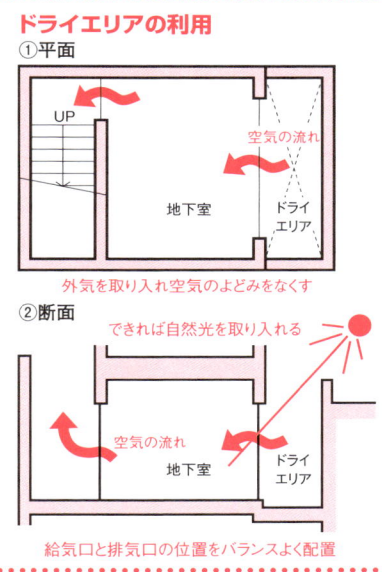

図8 ドライエリアの利用

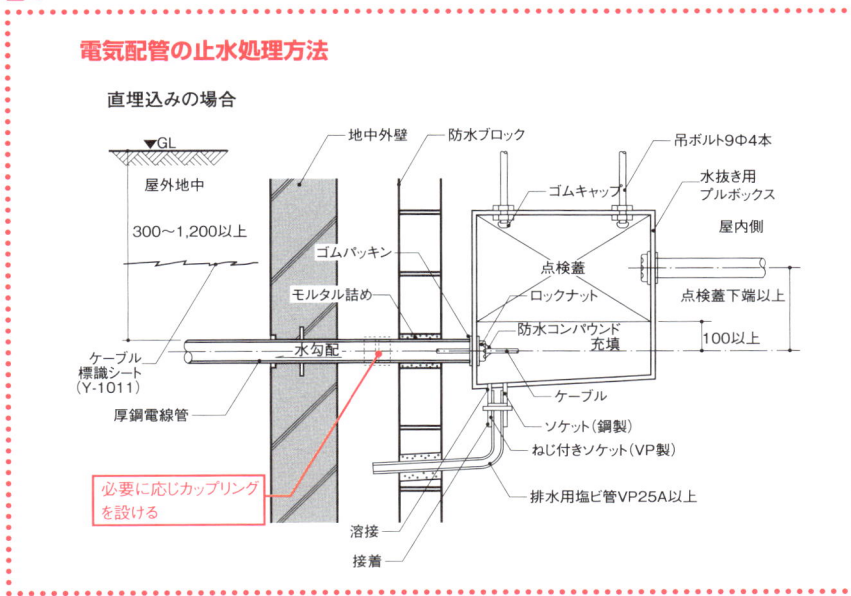

図9 電気配管の止水処理方法

外構計画

　外構では、道路からポーチ・玄関までのアプローチ、駐車・駐輪スペースや庭、道路境界・隣地境界などを計画します。計画敷地と道路や隣地との高低差・現状の塀や植栽を把握し、全体の計画・イメージに合った外構計画を行います（図10）。

アプローチ

　門塀廻りと植栽計画のイメージをもとに趣のあるものとしましょう。塀を設けずオープンにする場合は、玄関内が直接見えない工夫と、道路からポーチまでの段差の処理が必要となります。門付近では、車寄せ・郵便受け・表札（名称板）・ドアホン位置などを決めつつデザインします。設備の引き込み位置によってはメーター類や排水桝が門付近に出るので、一緒に計画します。

駐車・駐輪スペース

　計画台数の設定をもとに乗降スペースや車種による回転スペースを含めて計画します。共同住宅では、条例や要綱などで、建物規模によって駐車・駐輪台数の制限がある場合が多いので、事前調査の必要があります。ごみ集積所の広さや位置も打ち合わせます。駐車場は屋根の有無とシャッターなど外部から見える場合の高さ設定が重要となります。

庭

　造園計画（植栽計画）時には道路境界や隣地境界に、擁壁または塀、フェンスなどを設置するのか、生垣にするのかを計画します。生垣の樹種など隣地境界部分は将来のメンテナンスを配慮すべきです。造園計画は外構計画とともに一体で考え、既存の樹木を生かしたり、移植したりする庭づくりも必要となります。

　造園工事はコスト把握が難しいものですが、外構計画の重要な部分でもあります。

　最近は、緑化条例など、建物用途や敷地面積にかかわらず植栽計画の規制や届出が必要になることもあります。

敷地と道路や隣地との関係、高低差などを把握して、外構計画を行いましょう

図10

外構の例（平面図）

道路と計画地、ポーチなどの高低差を考えるとともに人と自動車の動線を整理する

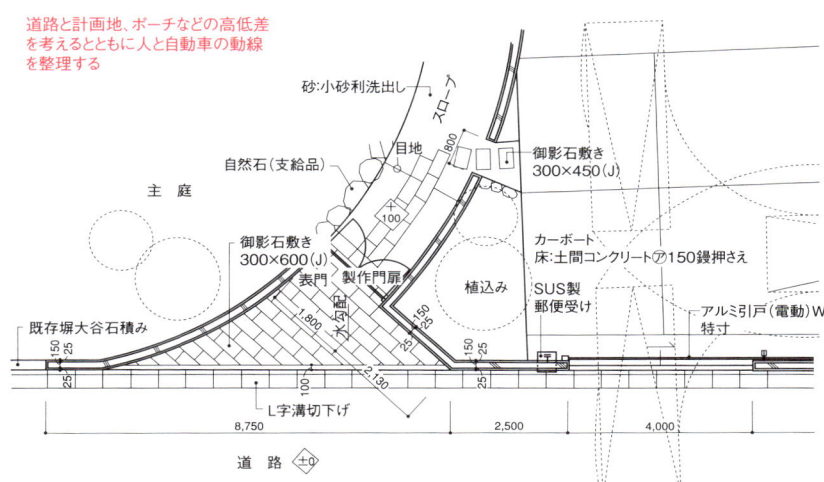

門塀の例（姿図）

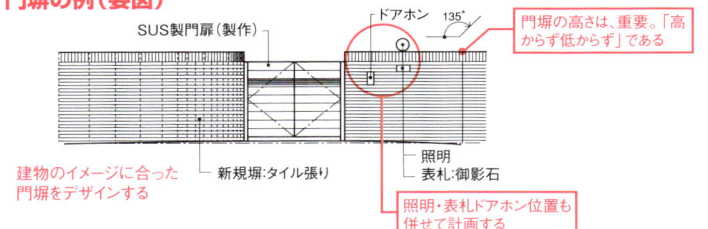

建物のイメージに合った門塀をデザインする

門塀の高さは、重要。「高からず低からず」である

照明・表札ドアホン位置も併せて計画する

植栽のテーマと植栽樹種の例

テーマの例	中高木	低木
関東地方の屋敷林	ケヤキ、ムクノキ、シラカシ、エノキ、ヤブツバキ、ヤマザクラ、サワラなど	アズマネザサ、チャ、マンリョウ、クサツゲなど
武蔵野の雑木材	クヌギ、コナラ、ヌルデ、エゴノキ、コブシ、ミズキなど	ヤマブキ、ムラサキシキブ、マンサクなど
四季の花木の庭園	ハナミズキ、ナツツバキ、カイドウ、サザンカ、タイサンボク、キンモクセイなど	ツツジ類、ハーブ類、アジサイなど
野鳥が訪れる庭	カキ、ウメモドキ、ピラカンサ、クロガネモチ、ネズミモチ、モウソウチクなど	センリョウ、コトネアスター、ヤブランなど

出典：目黒区緑化計画の手引き

コラム
建築計画とセキュリティ

セキュリティの大原則

　建築は内外を仕切る手立てとして存在するので、人の出入りを制御する意味合いを常にもっています。安全への備えとして、利用者側の意識が変わったのは確かですが、設計する者がどれだけの専門知識やディティールをもち合わせているかは疑問でもあります。

　設計者にとって、セキュリティの計画は、ゾーニングや動線計画に大きな影響を及ぼします。したがって、設計の際に明確にしておかなくてはならないのが、セキュリティのレベルをどう設定するかということと、何（誰）から何（誰）を守るのかということです。一般的に、セキュリティのレベルを上げれば人の動きは不自由になり、また、犯罪の種類によってセキュリティの仕方は異なります。

建築計画で防犯する

　設備機器を投入し、警備会社に警備を委託したり、ガラスや鍵の性能を高くしたりするセキュリティもありますが、死角をつくらず、視線のよく通る計画は、大きな施設であっても小さな住宅であっても有効なセキュリティになります。つまり、技術に頼る要素が高い「防御」に対し、デザインや空間構成の工夫で自然監視と言われる「抑止」する方法です。やや過熱気味なセキュリティにより、必要以上に守ることに固執する結果が、使い手を縛ることにつながらないように、設計者としてはバランスが求められます。

防犯性の低い家

- 暗くなっても電灯がつかず、カーテンが開かれたままで中がまる見え
- 通帳・印鑑・カード類や生年月日の記したものが一緒にある
- 目のつくところに財布などが置いてある
- ポケットに物を入れたままの衣服
- 新聞受けに新聞、郵便物が差したままの家
- 洗濯物が干したまま
- 何もしていないアルミサッシは静かに開閉できる
- 家の中が乱雑でいくらかき回しても分からない
- 車庫があるが扉が開いて中に車がない
- 窓などに鍵が1つしか付いていない

防犯性の高い家

- 侵入者を威嚇し、周囲に異常を93デシベルの音で知らせる（警報ベル）
- 来客を映像でキャッチ。不審な人物はドア先でシャットアウトする（ビデオカメラ）
- 専用キーで、システムのON/OFFをコントロール（キースイッチ）
- 人や車を検知して自動的に点灯。車上狙いにも有効（センサー付きライト）
- 侵入・火災・病気などの緊急時に押すだけで助けを呼ぶことができる（非常用押ボタン）
- 塀を乗り越えた侵入者をキャッチ（赤外線センサー）
- 異常が発生すると異常情報（音声）を電話回線で指定場所へ送信する（自動通報機）
- 火災発生をキャッチ（熱感知器）
- ガス漏れをキャッチ（ガス漏れセンサー）
- 侵入者の表面温度をキャッチして警報出力する（パッシブセンサー）

第2章

地震に強く性能のいい建物をつくる

鉄筋コンクリート造の構造形式

ラーメン構造

　ラーメン構造は主に柱や梁で構成され、部材の接合部を剛とすることで、荷重をしっかりと受けながら、自由度の高い空間を確保できます。壁式構造に比べて階高、スパンを大きくとれ、開口も自由に計画できます。

　また、ラーメン構造は、鉛直荷重を梁が曲げで支え、生じた曲げモーメントとせん断を梁端から柱に伝える構造です。地震や風による水平荷重に対しては、剛に接合された梁と柱が一体となって曲げ応力とせん断で抵抗します。

壁式構造

　壁式構造は耐力壁、壁梁、床スラブで構成され、5階以下程度の低層の建築に用いられます。柱や梁がなくても、耐力壁をバランスよく配置することで、鉛直荷重だけでなく地震などの水平力にも十分耐える構造です。また、壁式構造は梁や柱がない分、空間を有効に利用できるのですが、多くの耐力壁が必要となるため、比較的小さな部屋で構成される住宅や共同住宅などに向いています。壁式構造は面積によって壁量（壁の平面長さの合計）の制限があり、バランスがよく無駄のない壁の配置を行う必要があります。立面的には上下の壁の位置を合わせる必要があり、そのために壁式構造では矩形でシンプルな間取りの建物が望ましいと言えます。

薄肉ラーメン構造

　薄肉ラーメン構造は壁構造とラーメン構造との混合で、1方向を壁構造、1方向を壁・床のラーメン構造で構成する構造です。ラーメン構造の方向は、壁長や梁が不要で天井高が高くとれますが、スパンの長さや階高により、壁厚やスラブ厚を30〜50cm程度厚くする必要があります。軽量化のために、床を中空のボイドスラブにする場合もあります（図11）。

各構造形式のメリット・デメリットを把握し、適切な構造形式を選択します

図11

ラーメン構造の原理

①不安定な構造　　②接合部を剛にすると安定

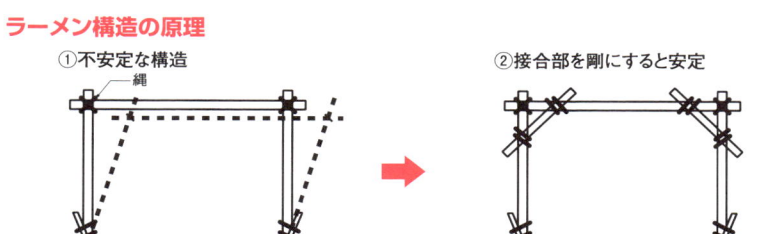

鉄筋コンクリート造の矩形ラーメン

壁式構造の原理

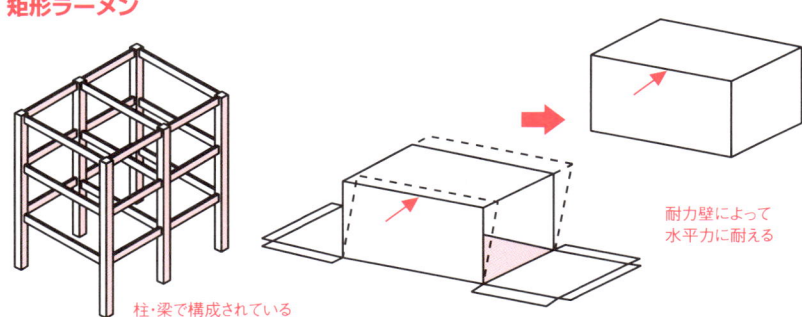

柱・梁で構成されている

耐力壁によって水平力に耐える

壁式構造の共同住宅

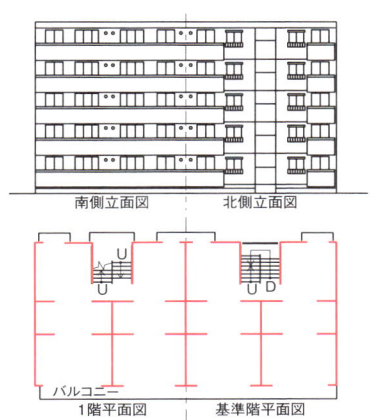

必要な壁長さ、バランスのよい壁配置が求められる

薄肉ラーメン構造

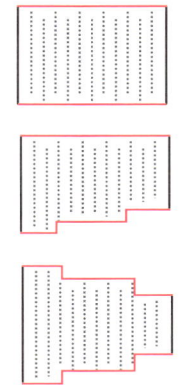

一方向を床壁ラーメン構造、一方向を壁構造で構成

ラーメン構造① 柱・梁配置

スパン割りのルール

ラーメン構造の柱の配置は、建物の形状やコストに影響するため、その決定には十分な検討が必要です。

スパン割りを行う場合、できる限り均等の間隔に割り付けます。鉄筋コンクリート構造に適したスパン長さは6〜10m程度です。スパンがあまり長くなると、梁自重の影響も大きくなり、不経済となります。柱の支配面積（X方向スパンとY方向スパンの積）は、標準的に50㎡程度とします。

柱の断面寸法は、3階建てであれば45〜70cmくらいで、柱が受ける大梁のせいはスパンの1/10程度となります。

柱配置の原則と禁じ手

ラーメン構造の柱は上下階で同じ位置とし、特に下階で柱が抜けないように設計します。

ラーメン構造の小規模建築物では、構造上4本柱で成立する場合もありますが、1本の柱が損傷すると建物の倒壊に結び付くため最低でも6本以上とします。ラーメン構造は吹抜けを計画しやすいのですが、耐震性に配慮し、中央部近くに設けるのが望ましいと言えます。

建物より外側に片持ち梁を設ける場合は、クリープ現象によりたわみが生じやすいため、片持ち寸法は3m以内とします。

そのほか、柱配置の禁じ手としては、
①ラーメン架構の大梁が柱に定着しない
②柱スパンが不均一である
③端部に短スパン柱があり、引抜き力が大きくなる
④端部に吹抜けがあり、水平剛性が確保されない

ことなどがあります。これらはできるだけ避けて柱の配置を行います（図12）。

なお、敷地や設計上の理由で、やむを得ず禁じ手を採用することがありますが、その場合は、十分構造の検討を行い、安全率を十分みてから採用します。

> ラーメン構造の柱は上下階で同じ位置とし、特に下階で柱が抜けないように設計しましょう

図12

純ラーメンの場合 単位(cm)

よい例
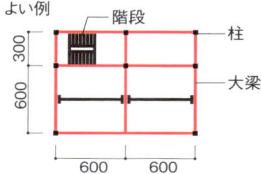

よい例
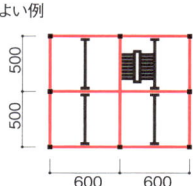

よい例
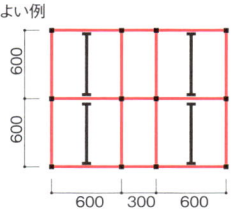

よい例
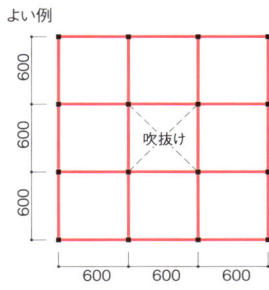

あまりよくない例（大梁が柱に定着しない）
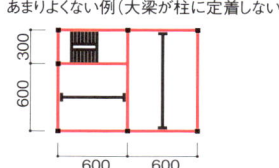

あまりよくない例（柱スパンが不均一）
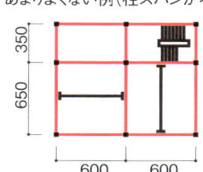

あまりよくない例（端部に短スパン柱がある）
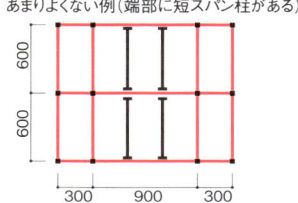

あまりよくない例（端部に吹抜けがある）
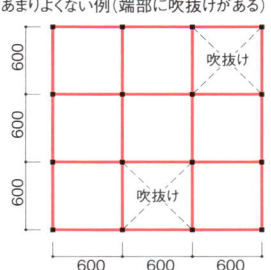

出典：「構造計算の実務」建築技術

ラーメン構造② 耐震壁

耐震壁の考え方

　ラーメン構造の鉄筋コンクリート造で柱梁以外の耐震要素としては、鉄筋コンクリート造耐震壁があります。耐震壁を用いることで、建物全体の耐震性を高め、また柱や梁の断面を小さくすることができ経済的です。

　耐震壁は、建物全体の構造計画を踏まえたバランスのよい配置が重要なポイントになります。共同住宅では戸境壁を、事務所ビルではコア廻りや外壁廻りを耐震壁とすることが一般的です。

　耐震壁は、負担できるせん断力が大きく、柱の5〜10倍を負担しています。また、下階から同じ位置に設ける耐震壁（連層壁）は、じん性の高い耐震要素となっています。

耐震壁の配置計画

　耐震壁の平面的配置は建物の偏心に大きく影響します。そのため、建物全体の力の流れ方を踏まえながら、建物全体のなかで釣合いを取り、できるだけ対称性を保持して平面的にバランスよく配置します。

　立面的配置では、できるだけ連層壁となるように配置し、かつ剛性のバランスが崩れないように計画します。また、耐震壁をできるだけ建物外周に設け、ねじれを防ぐようにします。連層壁にならない耐力壁については、その耐力壁に分担させたせん断力が、床スラブや梁を通じて十分な伝達が可能かを検討する必要があります（図13）。

剛性を小さくする方法

　耐震壁の配置計画によって建物の剛性のバランスが非常に悪くなった場合は、壁の剛性を小さくするように構造上の調整が必要になります。

　具体的には、有効な壁を残し、バランスを崩している壁に耐震スリットを設けて、柱と壁、梁と壁を切り離すとよいでしょう。

> 共同住宅では戸境壁を、事務所ビルではコア廻りや外壁廻りを耐震壁とします

図13

平面的な架構計画

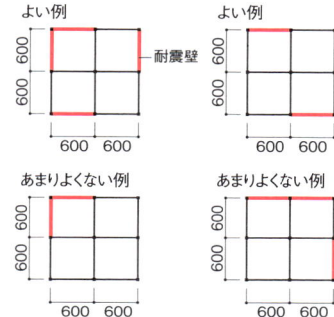
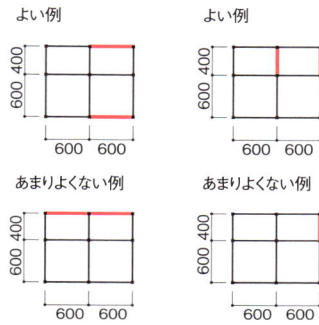

よくない例は平面上で対称性がない

出典:「構造計算の実務」建築技術

立体的な架構計画

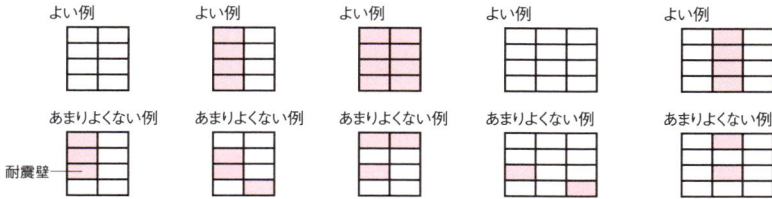

よくない例は連層壁ではなく、対称性もない

出典:「構造計算の実務」建築技術

構造スリットの仕様（完全スリット型）

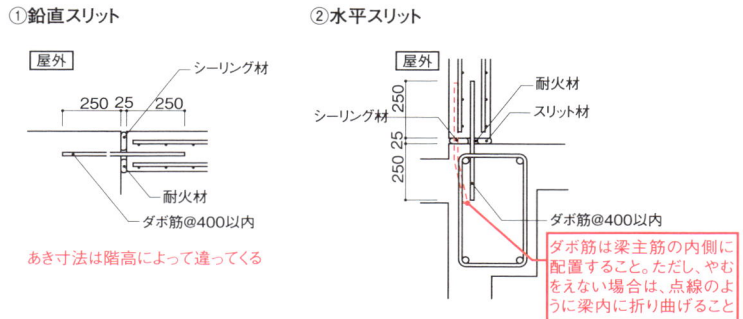

①鉛直スリット

あき寸法は階高によって違ってくる

②水平スリット

ダボ筋は梁主筋の内側に配置すること。ただし、やむをえない場合は、点線のように梁内に折り曲げること

コンクリートと鉄筋の種類

コンクリート

　コンクリートは、質量により普通コンクリート、軽量コンクリートおよび重量コンクリートに分かれます。また、使用材料、施工条件、要求性能などにより区別されます。具体的な種類としては、寒中コンクリート、暑中コンクリート、マスコンクリート、水中コンクリートなどがありますが、一般的な建築工事では普通ポルトランドセメントを使用した普通コンクリートが使われています。

　コンクリートの骨材には、従来、河川の砂利・砂が使われていましたが、陸砂利、山砂利、山砂、海砂、砕石、砕砂の使用割合が増大しました。使用骨材は地域によって差があり、各地域の骨材の種類と品質の実態を把握する必要があります。

　AE減水剤や高性能AE減水剤など、コンクリートのワーカビリティーの改善や単位水量の減少が目的の混和材料も使用されています（図14）。

鉄筋

　現在使われているのは、ほとんど異形鉄筋（JISG3112鉄筋コンクリート棒鋼の異形棒鋼）です。建築に使用される鉄筋の大半は、鋼くずを原料として電気炉で製造された鋼から、熱間圧延した電炉鉄筋です。通常は、柱、梁の主筋には、太物（D 19以上）のSD 345・SD 390を使用し、あばら筋（スターラップ）のせん断補強や、床、壁筋には、細物（D 10～D 16）のSD 295 Aを使用しています。

　継手は、細物では重ね継手、太物ではガス圧接が一般的です。D 32を超える径では、機械式継手・溶接継手（エンクローズ溶接など）も使用されます。定着方法も、在来の定着以外に機械式定着の使用もあります。機械式定着は、配筋量が多く（2段配筋・太径鉄筋など）定着納まりが厳しい場合に有効なので、条件に応じて選択したい定着方法です（図15）。

鉄筋コンクリートは、圧縮されるコンクリートと引っ張られる鉄筋で、力を負担しています

図14

セメントの調合

① セメントペースト（骨材を使用しないもの）

| セメント | 水 |

② モルタル（粗骨材を用いないもの）

| セメント | 水 | 細骨材（砂など） |

③ コンクリート（骨材が7割から8割を占める）

| セメント | 水 | 骨材 |
| | | 細骨材（砂など）　　粗骨材（砂利など） |

私たちが目にしているコンクリートは、セメントコンクリートで、セメント＋水＋細骨材＋粗骨材および必要に応じて混和材を加えて練り混ぜたもの

図15

鉄筋の種類

規格番号	名　称	区分、種類の記号	
JIS G 3112	鉄筋コンクリート用棒鋼	丸　鋼	SR 235　　SR 295
		異形棒鋼	SD 295A　　SD 295B SD 345　　SD 390 SD 490
JIS G 3551	溶接金網および鉄筋格子		

鉄筋コンクリート用棒鋼の性質および径または呼び名

区　分	種類の記号	降伏点または0.2%耐力N／mm²	引張強さN／mm²	径※または呼び名
丸　鋼	SR 235	235以上	380～520	φ9、φ13、φ16、φ19、φ22、φ25、φ28、φ32
	SR 295	295以上	440～600	
異形棒鋼	SD 295A	295以上	440～600	D6、D10、D13、D16、D19、D22、D25、D29、D32、D35、D38、D41、D51
	SD 295B	295～390	440以上	
	SD 345	345～440	490以上	
	SD 390	390～510	560以上	
	SD 490	490～625	620以上	

※丸鋼の径は、JIS G 3191（熱間圧延棒鋼とバーインコイルの形状、寸法および質量並びにその許容差）による径のうち鉄筋コンクリート用に用いられるもの

鉄筋の種別および継手工法の標準

	鉄筋種別	使用範囲
異形棒鋼	SD 295 A	一般の壁、スラブなどの鉄筋 一般の帯筋、あばら筋 小規模の建築物および壁式構造の主筋
	SD 295 B	配筋が交錯して重ね継手が適切でないもの
	SD 345	一般の建築物の柱および梁などの主筋 応力の大きな地下壁および耐圧スラブ、場所打ちコンクリート杭の主筋、大きなせん断力を受ける帯筋、あばら筋
	SD 390	応力の大きな柱および梁の主筋

出典：「建築構造設計基準及び同解説」(社)公共建築協会

ラーメン構造の配筋計画

ラーメン構造の配筋

　ラーメン構造の配筋は、柱、壁、梁、スラブの順序で配筋されますが、柱・梁接合部の配筋に注意が必要です。鉄筋本数と柱、梁幅の最小値は、主筋、帯筋・あばら筋の径、鉄筋間隔、最外径の寸法、かぶり厚さ、帯筋・あばら筋のフックの寸法などによって決定され、関係表が「鉄筋コンクリート造配筋指針・同解説」（㈳日本建築学会）に掲載されていますので、設計の際に参考にし、配筋の納まりも含め検討します。

柱・梁接合部の配筋

　柱・梁幅の最小寸法は目安なので、接合部の柱・梁筋の立体交差の納まりは、詳細検討して初めて施工可能な配筋となります。
　梁部材の組立て順序（1次筋、2次筋）は、背の大きい梁、全体として鉄筋量の多い方向の梁の順で行うのが一般的です。ただし、梁に段差がある場合は低いほうから組み立てます。主筋が1次筋となる梁においては、主筋の高さが低くなるので、断面算定においてはその点を考慮する必要があります。
　柱・梁接合部は、中柱接合部・側柱接合部・隅柱接合部に大別されます。コンクリートのかぶり厚さ、鉄筋相互の間隔を十分にとり、コンクリートの充填性をよくする必要があります。
　鉄筋本数が多かったり太径鉄筋だったりすると複雑になり、2段配筋の場合は納まらない場合もでてきます。
　柱と梁が同一面の場合、斜線部分も梁幅最小寸法に見込む必要があります。
　隅柱と側柱の柱接合部では、先に配筋される梁筋（1次筋）の間に後から配筋される梁筋（2次筋）の折り曲げ部分を挿入することが多いのですが、先に配筋される梁の最小幅に、後から配筋される梁筋挿入のための割増幅を加える必要があります（図16）。

> 柱・梁接合部は、かぶり厚さ、鉄筋間隔を十分にとり、コンクリートの充填性をよくしましょう

図16

鉄筋間隔、鉄筋のあきの最小値

		鉄筋間隔	鉄筋のあき
異形鉄筋	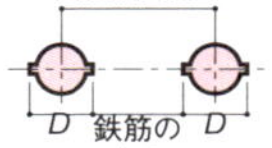 	・呼び名の数値の1.5倍＋最外径 ・粗骨材最大寸法の1.25倍＋最外径 ・25mm＋最外径 　のうち大きいほうの数値	・呼び名の数値の1.5倍 ・粗骨材最大寸法の1.25倍 ・25mm 　のうち大きいほうの数値
丸鋼	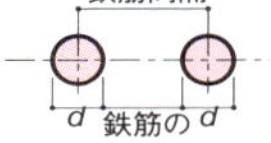 	・鉄筋径の2.5倍 ・粗骨材最大寸法の1.25倍＋鉄筋径 ・25mm＋鉄筋径 　のうち大きいほうの数値	・鉄筋径の1.5倍 ・粗骨材最大寸法の1.25倍 ・25mm 　のうち大きいほうの数値

注　D：鉄筋の最外径　d：鉄筋径

柱と梁が同一面の場合（平面図）

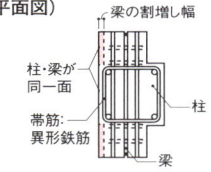

隅柱と側柱の柱接合部（断面断面図）

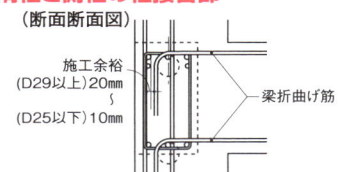

接合部詳細例

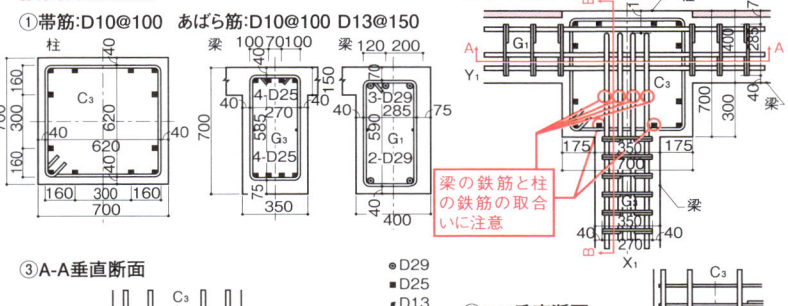

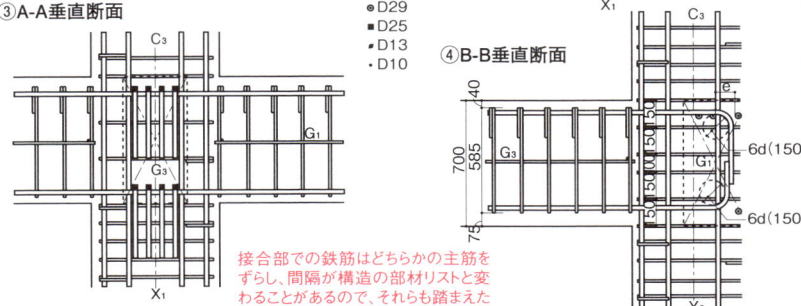

接合部での鉄筋はどちらかの主筋をずらし、間隔が構造の部材リストと変わることがあるので、それらも踏まえた計画を心掛ける

出典：「鉄筋コンクリート造配筋指針・同解説」(社)日本建築学会

コンクリートの性能や強度

混和剤

　混和材料は、コンクリートの性質改善のために用いられるもので、現在はほとんどの生コンクリートに使用されています。混和剤は界面活性剤で、生コンクリートの性質（ワーカビリティー、ブリージング、凝結時間など）や硬化したコンクリートの性質（圧縮、曲げ、引張強度、長さ変化、中性化、凍結融解作用、化学物質の侵食に対する耐久性、水和熱など）を改良・調整するものです。

　一般のレディミクストコンクリートには、AE減水剤や高性能AE減水剤が使用され、スランプと呼び強度（品質基準強度＋温度補正または、構造体強度補正）の組み合わせによって分類されています。

　減水剤の性能の目安となる減水率では、AE減水剤は10％以上で、高性能AE減水剤は18％以上となっています。高性能AE減水剤は、高い減水性と良好なスランプ保持性能をもっているため、現在では使用実績が高まっています（図17）。

高強度コンクリート

　高層鉄筋コンクリート造の建築物などで需要の高い高強度コンクリートは、1997年版JASS5で高強度コンクリートの適用範囲が大きく変わりました。

　普通骨材コンクリートで従来270kg／c㎡から360kg／c㎡以下の適用であったものが、改定後は36N／m㎡を超えるもの（1kg＝約9.8N）になりました。JASS5では、あえて上限は設けていませんが、実用的には60N／m㎡程度とされています。

　構造設計における関係学協会の設計規準・指針などについては、従来360kg／c㎡としていた高強度コンクリートの設計基準強度の適用範囲を、順次JASS5に対応させて改定し、「鉄筋コンクリート計算規準」（RC規準）は、1999年の改定以降設計基準強度の適用範囲を拡張し、60N／m㎡以下としています（図18）。

> 混和材料は、コンクリートの性質を改良・調整するものです

図17

各種混和剤の構成成分および特性と主な用途　（JASS5）

種類	構成成分	使用量[※1]	特性と用途
AE減水剤	・リグニンスルホン酸塩 ・オキシカルボン酸塩 ・ポリオール複合体 ・有機酸系誘導体 ・ポリカルボン酸塩 ・リグニンスルホン酸塩とロダン化合物 ・高級多価アルコールのスルホン化合物	0.3～2.0 0.2～2.0 0.2～0.7 0.1～0.5 0.2～0.6 1.0～1.5 0.8～2.0	・AE剤と減水剤の両者の効果を併せもち、レディーミクストコンクリート工場などで多く使用されており、標準形、遅延形、促進形に区分される
高性能AE減水剤	・ナフタレンスルホン酸高縮合物 ・メラミンスルホン酸高縮合物 ・ポリカルボン酸塩 ・アミノスルホン酸塩	0.2～5.0 0.5～4.0 0.1～6.0 0.5～2.0	・凝結遅延性と空気連行性が小さい ・主としてコンクリート製品や高強度コンクリートに使用される
流動化剤	・ナフタレンスルホン酸高縮合物 ・メラミンスルホン酸高縮合物 ・ポリカルボン酸塩 ・ポリエーテルカルボン酸塩 ・ナフタレンスルホン酸変性リグニン縮合物	0.05～0.12[※2] 0.08～0.12[※2] 0.045～0.15[※2] 0.06～0.15[※2] 0.06～0.12[※2]	・スランプを1cm増大するための使用量は、セメント質量の0.045～0.15%である ・空気連行性や凝結遅延性が少なく、高減水性能を有している ・流動化コンクリート用に、主に工事現場で添加して、流動性を増大する目的に使用される

注1　セメント質量に対する質量百分率（%）
　2　スランプ1cm増大するための使用量（C×質量百分率（%））

図18

高強度コンクリートの構成材料

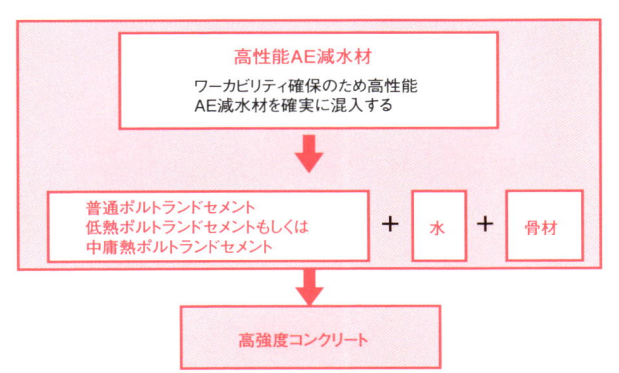

高性能AE減水材
ワーカビリティ確保のため高性能AE減水材を確実に混入する

↓

**普通ポルトランドセメント
低熱ポルトランドセメントもしくは
中庸熱ポルトランドセメント**　＋　**水**　＋　**骨材**

↓

高強度コンクリート

高強度コンクリートは水セメント比が小さくブリーディングがほとんど生じないので、表面のこわばりや収縮ひび割れが発生しやすいため、硬化初期の水和熱が小さく、長期強度の増進が期待できる、普通、低熱もしくは中庸熱ポルトランドセメントを使用する

外断熱・内断熱の選び方

鉄筋コンクリート造の断熱工法

鉄筋コンクリート造の断熱工法は、断熱材を躯体（くたい）の屋内側か屋外側のどちらに設けるかによって、内断熱工法と外断熱工法に分類できます。以前は内断熱工法が一般的でしたが、外断熱工法も一般的に認知され、すでに10年以上が経ってます。現在では、各種の工法が考案され、選択肢も増えています。特に屋上については、外断熱と防水を組み合わせた工法が多く使用されるようになってきてました。

断熱工法採用の注意点

鉄筋コンクリート造の断熱工法の選定にあたっては、内断熱工法・外断熱工法それぞれのメリット・デメリットを踏まえながら、設計する建物に最適な工法を選びます。なお、どちらの工法を採用するにしても、住宅用途であれば、省エネルギー基準などを参考にして目標とする断熱性能を明確にしておかなければなりません。

外断熱工法は、内断熱工法に比べ、鉄筋コンクリート造の躯体がもつ躯体の蓄熱（ちくねつ）性能が利用できるため、冷暖房を止めても室温が急激に変化しませんが、冷暖房の立ち上がりは遅いのです。そのため、寒冷地のように連続暖房を行うような場所には適しています。

一方、内断熱工法は、躯体の蓄熱性能を利用しない代わりに冷暖房の立上りが早いというメリットがあり、オフィスビルや公共施設など必要な部屋を必要なときだけ冷暖房するという使い方に適しています。

外断熱工法は、一般的に外部に強度の低い断熱材を施工するため、外装材と取付け方法選択に注意が必要です。たとえば、タイルなど重量のある外装材を使用する場合は落下防止の対策を、塗装や左官（さかん）など湿式仕上材を使用する場合はひび割れしないように、断熱材の下地の検討を行う必要があります（図 19）。

> 内断熱・外断熱それぞれのメリット・デメリットを踏まえながら最適な工法を選択しましょう

図19

鉄筋コンクリート構造の断熱構造

①内断熱　　　　　　　　　　②外断熱

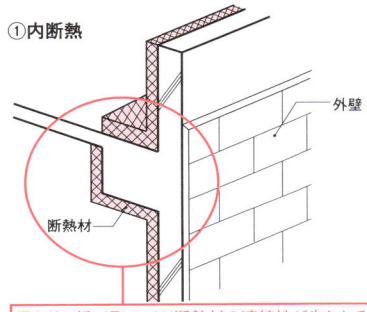

梁などの折り返しにより断熱材の連続性が失われる部分には、断熱補強をし、結露を防止しなければならないので納まりを検討しておく必要もある

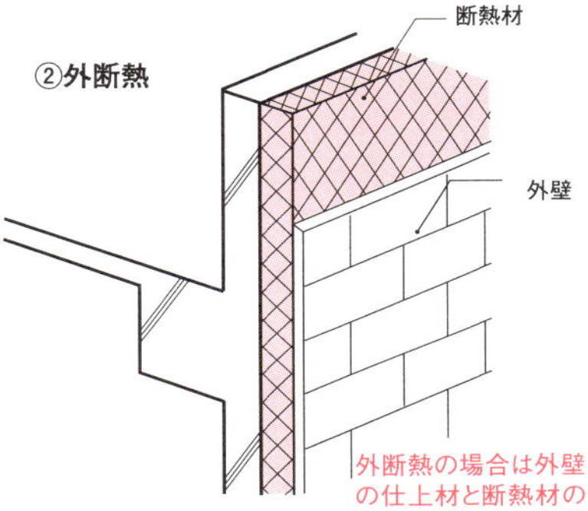

外断熱の場合は外壁の仕上材と断熱材の相性も重要で、剥離・剥落・事故防止への配慮が求められる

外断熱・内断熱のメリット・デメリット例

①外断熱

躯体自体が蓄熱層となるため空調の効果が現れるまで時間がかかるが、冬期は冷気、夏期は外気熱が内部へ伝わりにくく、空調を消した後でも室温の変動は少ない

②内断熱

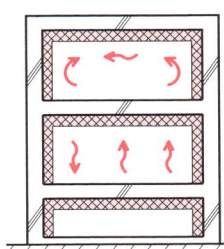

断熱材が内部にあるので空調の効率が早い段階で得られる。しかし、冬期は冷気、夏期は外気熱がコンクリートを伝わり内部へ入ってくる。そのため断熱材と躯体間で結露、カビの発生原因になり得る

建物に生じる熱損失

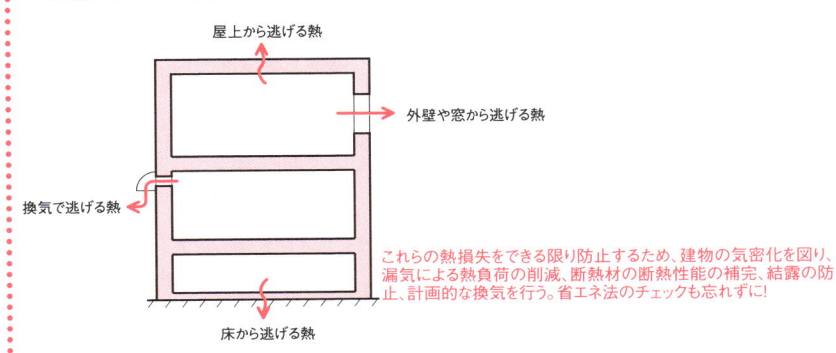

屋上から逃げる熱
外壁や窓から逃げる熱
換気で逃げる熱
床から逃げる熱

これらの熱損失をできる限り防止するため、建物の気密化を図り、漏気による熱負荷の削減、断熱材の断熱性能の補完、結露の防止、計画的な換気を行う。省エネ法のチェックも忘れずに！

鉄筋コンクリート造の断熱設計

内断熱工法の設計

　断熱層を構造躯体(くたい)の内側に施工する工法が内断熱工法です。外断熱工法に比べ施工しやすく実績が豊富で、外壁仕上げの選定に影響しない利点があります。また、工程の調整も容易でコスト面でも安価です。

　内断熱工法は、躯体を蓄熱層(ちくねつそう)として利用しないため、空調効果の立上りが早い反面、空調機器を停止させると比較的早く室内温度が変化してしまうデメリットがあります。

　内断熱工法で壁・床・屋根などに使用される断熱材は、現場発泡硬質ウレタンフォームやプラスチック系ボード断熱材です。ボード断熱材を使用する場合は、通常躯体打ち込み施工を行いますが、躯体のジャンカなどの不具合が確認しにくく、コンクリート打設(せつ)時に断熱材を傷付(だ)けやすいこともデメリットと言えます（図20）。

外断熱工法の設計

　断熱層を躯体外部に施工する工法を外断熱工法といいます。鉄筋コンクリート造の建物は、躯体の温度を維持する能力・蓄熱性に富んでいる性能を利用しています。

　空調設備の立上り時は、躯体に蓄熱されてしまうため室内が暖まりにくいのですが、十分に蓄熱された後は、空調機器を停止しても一定時間室内温度が維持されるというメリットがあります。

　外断熱工法には、断熱材の取付け方法や外壁仕上げの種類によって各種の工法があります。外断熱工法はそのメリットから近年増加傾向にありますが、いまだ細部にまでわたって確立された工法ではありません。特にヒート・ブリッジ(熱橋(ねっきょう))に注意が必要で、バルコニーや庇(ひさし)など外壁を貫通(かんつう)し、断熱材で囲みきれない部分は、内側で断熱補強をする必要があります。

　注意が必要なのがベランダなどの防水層と断熱材との取り合い部分で、どちらを欠き込んでも問題を起こします。設備の配管や配線が躯体を貫通する周囲の部分も同様に注意が必要です（図21）。

> 外断熱が切れる個所では、必ずその内側で断熱補強が必要です

図20

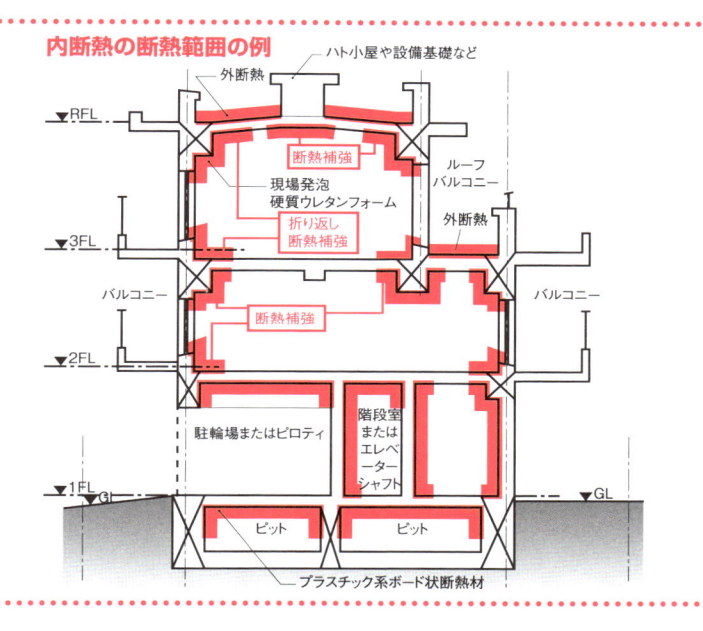

内断熱の断熱範囲の例

- ハト小屋や設備基礎など
- 外断熱
- ▼RFL
- 断熱補強
- 現場発泡硬質ウレタンフォーム
- ルーフバルコニー
- 折り返し断熱補強
- 外断熱
- ▼3FL
- バルコニー
- 断熱補強
- バルコニー
- ▼2FL
- 駐輪場またはピロティ
- 階段室またはエレベーターシャフト
- ▼1FL ▽GL
- ▽GL
- ピット
- ピット
- プラスチック系ボード状断熱材

図21

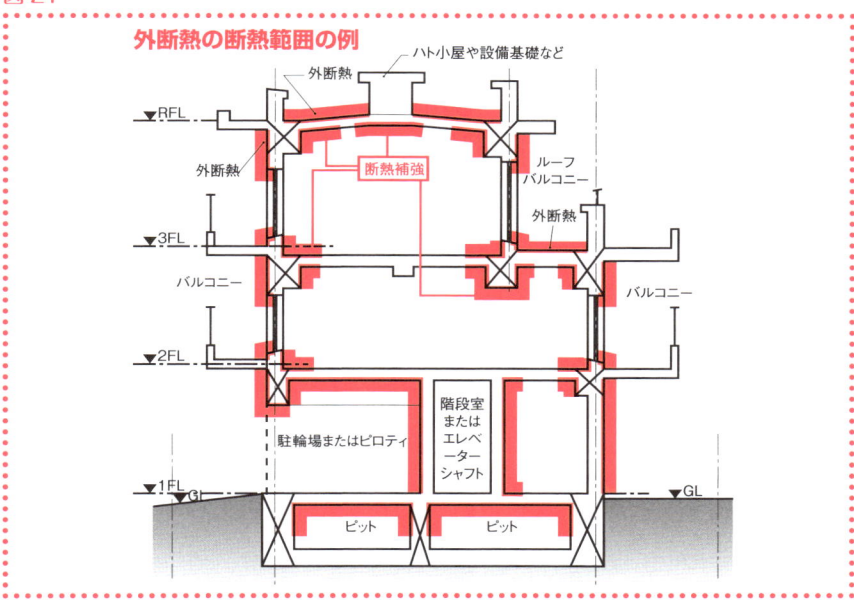

外断熱の断熱範囲の例

- ハト小屋や設備基礎など
- 外断熱
- ▼RFL
- 外断熱
- 断熱補強
- ルーフバルコニー
- 外断熱
- ▼3FL
- バルコニー
- バルコニー
- ▼2FL
- 駐輪場またはピロティ
- 階段室またはエレベーターシャフト
- ▼1FL ▽GL
- ▽GL
- ピット
- ピット

界壁と床スラブの遮音設計

床の遮音

床の音の伝わりにくさの評価には、重量床衝撃音と軽量床衝撃音の遮音等級があります。重量衝撃音とは、上階で飛び跳ねたり重い物を落としたときの「ドスン」という比較的低い音域の音で、遮音等級はLHと表記します。

軽量衝撃音とは、ハイヒールの足音や軽い物を落としたときの「コツン」といった比較的中高音域の音を指し、遮音等級はLLと表記します。L値は、床に衝撃を与えた場合にどれだけの音が下階で聞こえるかを表し、値が小さいほど遮音性能が優れています。

床の遮音性能は、要求されたグレードを確保するために、床スラブ厚の設定といった構造面だけでなく、床仕上材と下地構造の選定などを含めて検討する必要があります。

重量衝撃音に対しては、基本的にスラブ厚を厚くし、梁で囲まれた面積を小さくします。軽量衝撃音に対しては、仕上材を弾力性のあるものにすると効果的です（図22）。

界壁の遮音

隣戸間の騒音には、空気伝搬音と固体伝搬音とがありますが、固体伝搬音は数字に表すことができないため、空気伝搬音の伝わりにくさを評価します。

界壁自体の遮音性能は、試験室で測定されたデータであるTLD値で表し、実際の2空間の空気音遮断性能は遮音等級D値で表され、数字が大きいほど遮音性能が高くなります。一般的にTLD値から音の回り込みなどの影響による低減値を差し引いた値がD値で、乾式壁の場合は、メーカーのカタログに記載のTLD値から10dB程度低減した数値がD値となります（図23）。

設計においては室の用途や要求性能を十分検討のうえD値を設定し、これに低減値分を見込んで適切な壁仕様を決定します。

鉄筋コンクリート造では、床と界壁の遮音に注意して設計します

図22

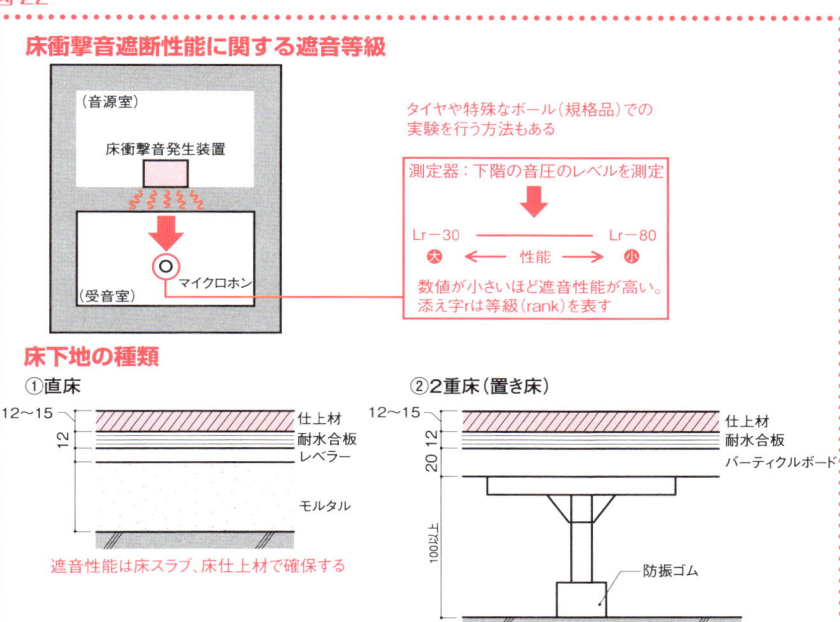

床衝撃音遮断性能に関する遮音等級

(音源室)
床衝撃音発生装置
(受音室)
マイクロホン

タイヤや特殊なボール(規格品)での実験を行う方法もある

測定器：下階の音圧のレベルを測定

Lr－30 ←―― 性能 ――→ Lr－80
大　　　　　　　　　　　小

数値が小さいほど遮音性能が高い。
添え字rは等級(rank)を表す

床下地の種類

①直床

12～15
12

仕上材
耐水合板
レベラー
モルタル

遮音性能は床スラブ、床仕上材で確保する

レベラー(セルフレベリング材)とモルタルの厚みは建物ごとで決定する

②2重床(置き床)

12～15
20　12
100以上

仕上材
耐水合板
パーティクルボード
防振ゴム

工業製品であるので求められる遮音性能により製品を選定でき、効果も得られる

図23

空気音遮断性能に関する遮音等級

スピーカー
(音源室)
マイクロホン
(受音室)
測定器

2空間の音圧レベル差を測定

Dr－60 ←―― 性能 ――→ Dr－30
大　　　　　　　　　　　小

数値が大きいほど遮音性能が高い。
添え字はr等級(rank)を表す

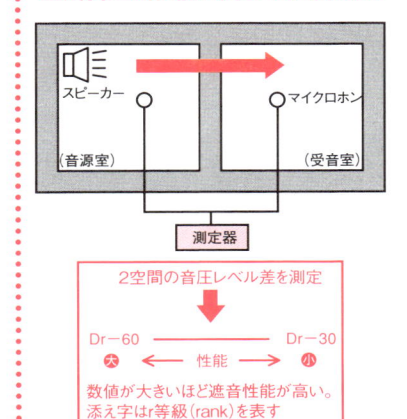

界壁での注意(廻り込み音への対応)

天井裏経由の側路
伝播音
天井
界壁

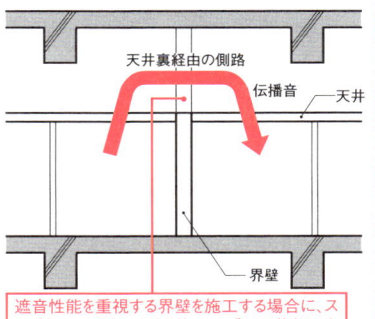

遮音性能を重視する界壁を施工する場合に、スラブ(または梁)まで壁を施工せずに天井部で止めてしまうと、天井裏から音が回り込んで界壁としての遮音性能が低下してしまう。天井チャンバー空調方式などで、スラブまで壁が施工できない場合には、天井裏に吸音材を敷くなど、天井懐内で遮音を検討する

2　地震に強く性能のいい建物をつくる

防水工法の選び方

工法選定のポイント

　鉄筋コンクリート造の屋上防水では、その信頼性や耐久性から、一般的にアスファルト防水が使用されています。ほかに、シート防水が使われる場合もあります。また、ベランダや庇（ひさし）など面積が小さい場合には塗膜（とまく）防水を使用することもあります。特に共同住宅などの防水は品確法（ひんかくほう）により10年間の瑕疵（かし）担保（たんぽ）期間があるので信頼できる工法を選定します。また、屋上の使用条件から防水仕上げが選択されます。通常の歩行（不特定多数の人が利用）や運動用として使用する場合には防水層の上に現場打ちコンクリートの保護層が必要です。軽歩行（ゴム底の靴やスリッパで限定された人が利用）ではコンクリートの保護層のほか、コンクリート平板類を設置する工法もあります。非歩行用としては塗装や砂利などで防水層表面を保護する露出工法があります。

　住宅密集地などでは、施工時のクレームを防ぐ意味で、低発煙・低臭気の工法を選定します。また、建物の断熱性能を考え、防水層の上下に断熱材を施工する断熱防水工法も採用例が多くなっています。

設計計画のポイント

　陸屋根といえども、防水だけでなく屋上面で適切な水勾配（みずこうばい）を取ることが重要で、露出防水で1／50～1／20、保護防水で1／75～1／50とします。また、ルーフドレンに水勾配を集中させるように設置します。ドレンの納まりによっては外周の梁を下げることもあります。

　防水工事の施工性向上のため十分な防水立上り高さを確保し、工法に合わせたパラペットの形状（アゴを設けるか、アゴなしでアルミなどの笠木（かさぎ）をかぶせるかなど）を選定します。壁に立ち上がる部分もアゴや壁を欠き込んで納めます。また、断熱防水の場合は、ドレンやハト小屋、設備基礎廻りはスラブ下に必ず断熱補強を行います（図24）。

屋根防水では、水勾配を取ることが重要です

図24

防水工法の選び方

設計条件	防水工法・仕様
通常歩行、軽歩行 ・一般屋根 ・ルーフバルコニー	・アスファルト防水保護外断熱(絶縁)工法 ・スラブ勾配1/50〜1/75 ・押さえコンクリート⑦60〜80(ワイヤメッシュφ5 100×100) ・伸縮目地@3,000、立上り部よりの距離600mm
非歩行 ・一般屋根 ・機械室屋根	・露出アスファルト防水外断熱(絶縁)工法 ・スラブ勾配1/20〜1/50 ・脱気システム　50〜70㎡に1カ所設置 ・点検歩行用としてシングル増し張り
・一般バルコニー ・外廊下	・室内外切付け　塗布防水(ウレタン) ・水勾配1/50〜1/75 ・コンクリート金鏝一発押さえ誘発目地切り@300 　天端〜立上り〜スラブ底まで目通し ・外廊下の仕上げはノンスリップ塩ビシートが望ましい
・庇 ・出窓天端	・塗布防水(全面) ・水勾配1/50〜1/100

住宅瑕疵担保履行法のチェックも忘れずに

保護防水(歩行可)

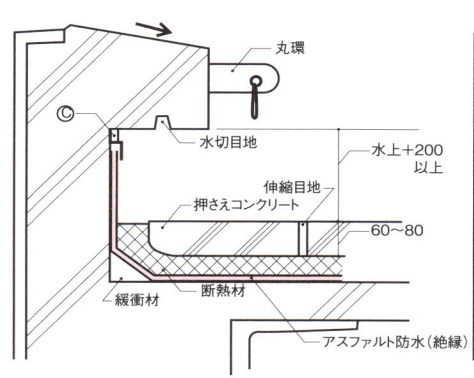

軽量コンクリートなどで防水層、断熱材を保護し、耐候性を得るとともに劣化による断熱材・防水材の性能低下を軽減させる

露出防水(歩行不可)

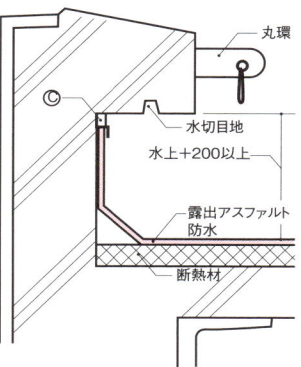

名称の通り防水層が露出した施工方法。施工性はよいが、完工後の経年による劣化を考慮したメンテナンスの計画を要する

断熱防水の注意点

断熱防水と納まり

　断熱防水とは、屋上スラブやルーフバルコニーに施工される断熱層と防水層を組み合わせた工法です。主に躯体を外部の気温変化や日射などから遮断し、室内の温熱環境を向上させるほか、躯体劣化の軽減になります。一般的な建物に多く採用されるため、部分的な外断熱でもありますが、外壁の外断熱と違い仕上材などの検討が不要で工法も確立されているため、一般的な工法として普及しています。

　アスファルト防水やシート防水に対応していますが、ここでは信頼性の高いアスファルト防水に絞って解説します。

　下地となる屋根スラブは一般の工法と同様躯体で水勾配を取り、ルーフドレンに水勾配を集中させるようにします。また、防水立上りでは断熱材の厚さを考慮し、十分な高さを確保します。また、ドレンのツバから300㎜程度は断熱材を張らずにアスファルトシートを下地に全面接着する必要があるため、ドレンや貫通配管の位置は、防水施工、特に断熱材との納まりを考慮する必要があります。

断熱材の注意点

　断熱防水に使われる断熱材は、通常は防水材料メーカーの指定した吸水性が小さく、耐圧縮性のある外断熱工法用の断熱材を使いますが、断熱性能に関しては製品ごとに性能差があるので、設計で要求する性能を満たした製品と厚さを選定する必要があります。

　また、外断熱ということで忘れがちですが、ルーフドレン、側溝、機械基礎、ハト小屋などは断熱材が欠き込まれているので、屋根スラブ下で部分的に断熱補強する必要があります。これも設計段階で考慮しておきます。

　露出仕様で木製デッキの基礎や設備機器などを直置きする場合、断熱防水に影響しないかメーカーに確認しましょう（図25）。

> 断熱防水は
> 内断熱＋防水層に比べて室内
> 温熱環境の向上、躯体劣化の
> 軽減に有効です

図25

断熱材の張付け例

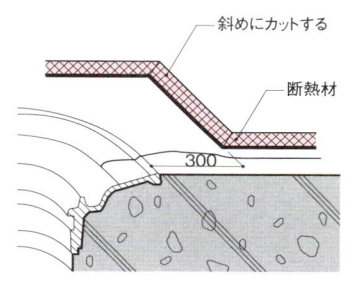

①ルーフドレン廻り
- 斜めにカットする
- 断熱材
- 300

ルーフドレンのつば部分の防水を正確に施工するため断熱材をルーフドレンから300mm程度離す

②パイプ廻り
- 隙間なく張り付ける

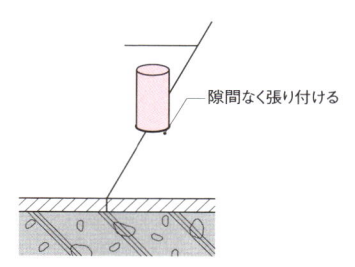

出典:「建築改修工事監理指針」平成16年度版

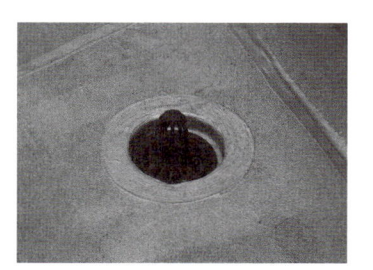

施工を誤った例。ルーフドレンのつば部分に断熱材が近いため、防水施工に不安がある(アスファルト防水外断熱露出工法)

よい施工例。断熱材をルーフドレンから離しているのでつば部分の防水施工に無理がない(シート防水外断熱露出工法)

屋根スラブの断熱補強範囲の例

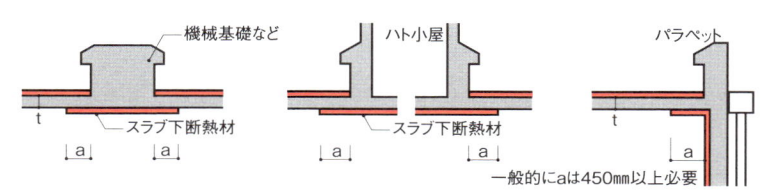

- 機械基礎など / スラブ下断熱材 / t / a
- ハト小屋 / スラブ下断熱材 / a
- パラペット / t / a
- 一般的にaは450mm以上必要

スラブの上部断熱の場合は、屋上の突出部、パラペット立上り部分などが弱点となるのでスラブ下に断熱材を施す必要がある

コラム

躯体防水(くたい)

躯体防水とは何か

　地下外壁や屋根などの特に漏水被害を受けやすい部屋の構造体自体を防水層とする躯体防水を使うことがあります。

　躯体防水は自癒作用があり、ひび割れから水が浸入した場合、コンクリートの製造時にコンクリート中に混和された防水混和剤が反応してひび割れを修復、水の浸入を塞ぎます。また、後施工の防水工事を必要最小限に抑えることができ、設計の自由度を上げられます。

地下室に利用

　この躯体防水、特に地下外壁で使用されることが多いのは、地下外壁は壁が土中に埋まっているので、漏水などの不具合発生時には、外部からの補修が不可能に近いためです。防水は確実に行いたいが、特に市街地では敷地一杯に建物を建てることが多く、十分な防水施工ができないのが現状です。しかし、躯体防水は通常のコンクリート打設工事と変わらないため、市街地でも問題なく施工できるものです。ただし、水が一度侵入してから自癒作用が働くため躯体の室内側表面まで水が入り込んでくる可能性もあり、2重壁の併用が望ましいです。

　また、屋根や屋上では、意匠的な制約や建物高さなどの規制から、どうしてもパラペットの高さを確保できない場合に躯体防水が採用される場合があります。

防水混和剤は保証が大事

　現在、防水混和剤は数社が製造しており、JISなどではこれらに関して、躯体性能に問題がなければ使用してよいとしており、規定などは特にありません。そのため、材料や防水施工会社の選定においては、混和剤の投入から打設〜Pコンや切付部の後処理までを責任施工で行う会社を採用し、併せて保証が確かであることを確認しておきます。

責任施工の躯体防水の例

①コンクリートに防水剤を添加する

②切付部分は欠き取り、そこへ防水剤を塗布。

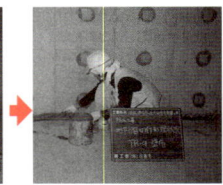

③Pコンやひび割れなど漏水の原因となる個所すべて処理する

④最後に散布剤を撒き、躯体防水を完了させる

第3章

デザインと性能に配慮した納まり

外装仕上げの種類と評価

打放し仕上げと塗装仕上げ

　鉄筋コンクリート造の外装仕上げには多くの種類があり、主に湿式と乾式に分けられます。外装仕上げは建築物に求められる意匠性、法的な制限、耐用年数（メンテナンス）、予算などから決定します。また、選定の際は、納期の確認と実物サンプルによる最終確認を必ず行います。

　コンクリート打放し仕上げは、コンクリート躯体の表面を露しとする仕上げで、パネルやセパの割付け、コンクリートのふかし厚さ、壁面の保護塗装などを検討する必要があります。

　塗装仕上げは、塗料の性能（弾性・非弾性、耐用年数など）、色、テクスチュア、施工環境（下地や塗装個所）に応じた工法の検討を行います。

石張りとタイル張り

　石張りは、石種（色や模様、テクスチュアとそのばらつき具合）や表面の仕上げ方法、割付け、納まり、特注品、役物、取り付け方法などを検討します。

　タイル張りは、タイルの種類、耐凍害性、色、テクスチュア、割付け、納まり、特注品、役物、目地の色・種類、張付け方法などを検討します。なお、施工方法については、湿式工法、乾式工法から選択します。

　湿式工法は、張付けモルタルなどで、石、タイルなどを躯体面に張り付けていく工法で、乾式に比べ安価です。ただし、湿式工法の場合、仕上材の剥離、脱落の可能性がないわけではないので、中高層建築物の外壁に採用する場合は、適宜対策を行いましょう。

　乾式工法は、石、タイルなどを金物固定により外壁から切り離して取り付ける工法で、下地金物の隙間に断熱材を施して、外断熱工法にもできます。湿式に比べ仕上材の脱落事故は少ないのですが、コスト増となります（図26）。

> 外装仕上げは建築物に求められる意匠性、法的な制限、耐用年数、予算などから決定します

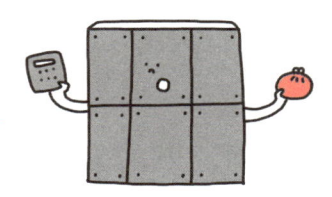

図26

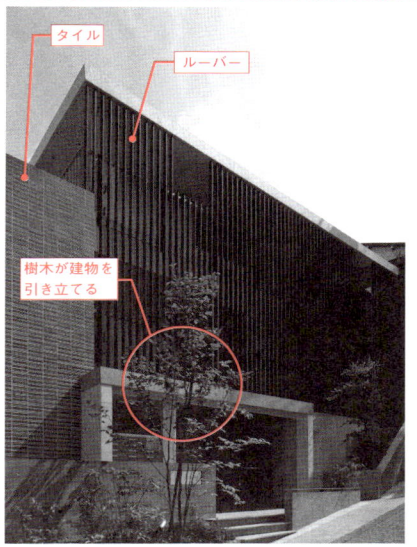

3 デザインと性能に配慮した納まり

(左上) 湿式タイル張りと化粧ルーバーの事例（共同住宅）。前面の樹木が建物を引き立てている 
- タイル
- ルーバー
- 樹木が建物を引き立てる

(右上) 塗装仕上げと打放し仕上げの事例（共同住宅）。仕上材の種類を抑えてコストのバランスを抑える 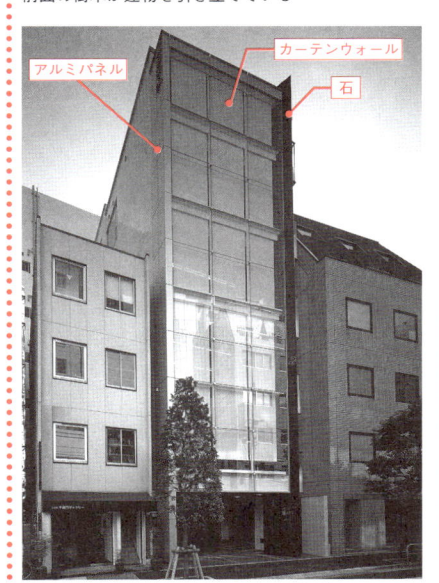
- 塗装仕上げ
- 打放し
- 打放し

(左下) アルミカーテンウォール、石張り（乾式）、アルミパネル（乾式）の事例（事務所） 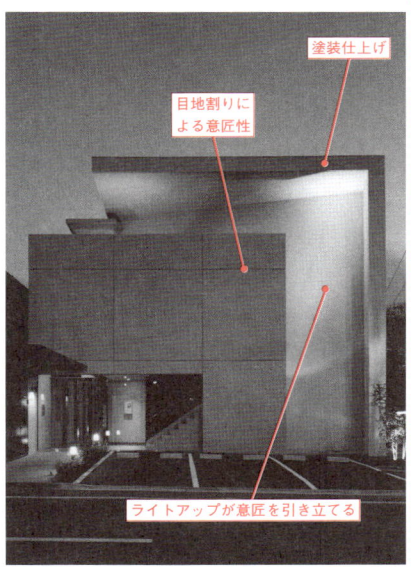
- アルミパネル
- カーテンウォール
- 石

(右下) 塗装仕上げと打放し仕上げを併用した事例（共同住宅）
- 塗装仕上げ
- 目地割りによる意匠性
- ライトアップが意匠を引き立てる

打放しと塗装仕上げ

打放しの仕上げ

　コンクリート打放し仕上げの型枠は、打放し用の塗装合板パネルとし、一般的には3×6版、2×6版を、パネル寸法に応じて割り付けます。

　セパ（セパレータ）割付けはパネルサイズに合わせて配置することが求められます。コンクリートや鉄筋の耐久性向上などの理由から躯体寸法にプラスして15mm以上ふかす必要がありますが、打放し仕上げをできるだけきれいに打つならば、30mm以上のふかし厚を取るのが通常です。

　伸縮目地はひび割れを集中させる事を目的としますが、設置位置、幅、深さなど注意深い計画を必要とします。表面保護には、浸透性または造膜性の撥水材を塗布します。

　打放し仕上げの成否は、施工精度に左右されるため、図面だけでなく、施工計画、特にコンクリートの打設計画を十分に検討することが必要です（図27）。

塗装仕上げ

　比較的安価な仕上げであり、色やテクスチュアなどの種類が豊富で自由度が高いのが特徴です。ただし、耐用年数は製品によってまちまちであり、外壁では、打ち放しの撥水材と同様、継続的な塗り替えが必要となります。

　外壁塗装では、外壁表面のクラックへの追従性の高い弾性の合成樹脂エマルション系仕上げとすることが多く、色のほか、砂壁状、ゆず肌状などの表面テクスチュアと光沢（つや）の有無（一般的にはつやがあるほうが耐久性が長い）などを全体のバランスに注意して選定します。最近は、親水性のある防汚塗装や遮熱塗料などの機能性塗料もあります（図28）。

　塗装は基本的に現場塗装で、吹付け工法とローラー工法がありますが、周辺への塗料の飛散によるクレームが少ない後者が多く、刷毛塗りは手摺などの細部に使い、外壁面の仕上げには適しません。

> 打放しでは、パネル割り、セパ割り、コンクリートふかし厚、伸縮目地を意匠的に計画します

図27

パネル割りとセパ割り

① 3'×6'パネル 横使い
セパレーター横@600×縦@450

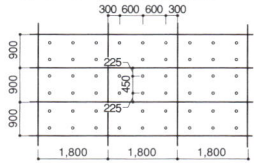

② 3'×6'パネル 横使い
セパレーター縦横@450

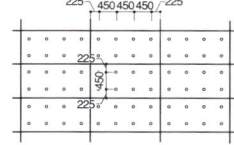

③ 2'×6'パネル 横使い
セパレーター縦横@600

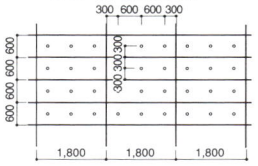

④ 3'×6'パネル 縦使い
セパレーター横@450×縦@600

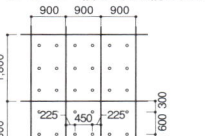

⑤ 3'×6'パネル 縦使い
セパレーター縦横@450

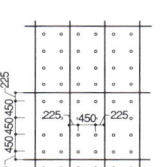

⑥ 2'×6'パネル 縦使い
セパレーター縦横@600

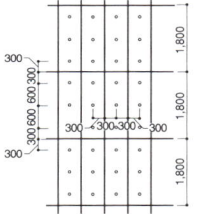

パネルのサイズ、パネルの向き(縦↔横)、セパレータのピッチ、目地(打継ぎ目地・誘発目地など)などにより、建物の印象が大きく変わるので、十分な検討が必要

図28

素地と適用する塗装仕様の組み合わせ

塗装仕様の種類 \ 素地の種類	コンクリート	セメントモルタル	プレキャストコンクリート部材	ALCパネル	スレート板	ケイ酸カルシウム板	ガラス繊維補強セメント板	押出し成形セメント板	石膏ボード
アクリル樹脂ワニス	○	○	○	×	×	×	×	×	×
2液形ポリウレタンワニス塗り	○	○	○	×	×	×	×	×	×
アクリルシリコン樹脂ワニス塗り	○	○	○	×	×	×	×	×	×
常温乾燥形ふっ素樹脂ワニス塗り	○	○	○	×	×	×	×	×	×
塩化ビニル樹脂エナメル塗り	○	○	○	×	×	×	×	×	×
アクリル樹脂エナメル塗り	○	○	○	○	○	○	○	○	○
アクリル樹脂系非水分散形塗料塗り	○	○	○	○	○	○	○	○	○
2液形ポリウレタンエナメル塗り	○	○	○	○	○	○	○	○	○
弱溶剤系2液形ポリウレタン塗り	○	○	○	○	○	○	○	○	○
アクリルシリコン樹脂エナメル塗り	○	○	○	○	○	○	○	○	○
常温乾燥形ふっ素樹脂エナメル塗り	○	○	○	○	○	○	○	○	○
2液形エポキシ樹脂エナメル塗り	○	○	○	○	○	○	○	○	○
合成樹脂エマルションペイント塗り	○	○	○	○	○	○	○	○	○
つや有り合成樹脂エマルションペイント塗り	○	○	○	○	○	○	○	○	○
ポリウレタンエマルションペイント塗り	○	○	○	○	○	○	○	○	○
合成樹脂エマルション模様塗料塗り	○	○	○	○	○	○	○	○	○
多彩模様塗料塗り	○	○	○	○	○	○	○	○	○

注 ○:適用する ×:適用しない

各種塗り工法とその略号

塗り工法	略号
合成樹脂調合ペイント塗り	SOP
アルミニウムペイント塗り	AIP
フタル酸樹脂エナメル塗り	FE
アクリル樹脂エナメル塗り	AE
2液形エポキシ樹脂エナメル塗り	2-XE
2液形ポリウレタンエナメル塗り	2-UE
弱溶剤系2液形ポリウレタンエナメル塗り	LS2-UE
アクリルシリコン樹脂エナメル塗り	2-ASE
常温乾燥形ふっ素樹脂エナメル塗り	2-FLE
多彩模様塗料塗り	EP-M
つや有り合成樹脂エマルションペイント塗り	EP-G
アクリル樹脂ワニス塗り	AC
2液形ポリウレタンワニス塗り	2-UC
アクリルシリコン樹脂ワニス塗り	2-ASC
常温乾燥形ふっ素樹脂ワニス塗り	2-FLC
塩化ビニル樹脂エナメル塗り	VE
アクリル樹脂系非水分散形塗料塗り	NADE
合成樹脂エマルションペイント塗り	EP
ポリウレタンエマルションペイント塗り	UEP
合成樹脂エマルション模様塗料塗り	EP-T
フタル酸樹脂ワニス塗り	FC
1液形油変性ポリウレタンワニス塗り	1-UC
クリヤーラッカー塗り	LC
アクリルラッカーつやなしクリヤー塗り	ALC
ステイン塗り	ST
木材保護塗料塗り	WP
ラッカーエナメル塗り	LE

タイル、石張りの納まり

タイルの選び方

　タイル張りの外壁は幅広い表現が可能です。耐久性に優れるため、塗装のような塗り替えが不要であり、メンテナンス性に優れた外壁材です。

　タイルの種類は、吸水率によりⅠ類～Ⅲ類、成型方法により湿式と乾式に分類されます。外壁に使用する場合は必ずメーカーに問題がないか確認することが必要です（2008年3月JIS改定による）。

　色のほか、焼きムラ・色ムラの有無や、釉薬による違い（無釉・施釉）、表面形状の違い（スクラッチ、割り肌など）、サイズ（モザイク、二丁掛けなど）、目地割り、張り方で建物の表情が変わります（図29）。

　また、種類によっては納期や在庫の確認が必要で、特に特注色、特注品、役物、輸入品などはこの点に注意し、実物サンプルと併せて確認するようにします。

　さらに、目地についても意匠に合せて適切な色、幅、深さ、材料を選択します。

石張り

　外壁に使用する石種には、花崗岩（御影石）、大理石、砂岩、ライムストーン（石灰岩）、凝灰岩などがあり、表面仕上げには、本磨き、水磨き、ジェットバーナー仕上げ、小叩き、鋸目挽き仕上げなどがあります。使用条件や石材の耐候性（汚れにくさ）に応じ、親水性防汚塗装や撥水材などの表面保護塗装を施して使います。石厚は20mm以上とし、25mm厚が標準となります（図30）。

取り付け工法

　タイル、石などの仕上げ材の取り付け方法には、湿式工法と乾式工法があります。モルタルなどを使って直接躯体に張り付けるのが湿式であり、モルタルを使わない、専用金物や下地板を使って張り付けるのが乾式工法です。湿式工法は安価ではありますが、剥離、脱落事故の防止のため注意が必要です。接着剤を使うこともありますが、高所での使用は避けるべきでしょう（図31）。

> タイルや石は意匠的に魅力ある素材ではあるが、剥離、脱落等の対応が必要となります

図29

一般壁の張り方

①横馬張り(馬踏み目地)　②横芋張り(通し目地)　③縦芋張り

目地割りの考え方

基本：水平方向 ①壁面全体で1つのスパンとして割り付ける
　　　　　　　②伸縮調整目地、ひび割れ誘発目地で区分し、割り付ける
　　　垂直方向 ③各階打継目地基準で割り付ける
　　　　　　　④横馬張りは、各階を偶数タイル枚数で割り付ける

構造スリット目地、水平打継ぎ部や柱部垂直部は、スリット目地に合わせたタイル割りをする

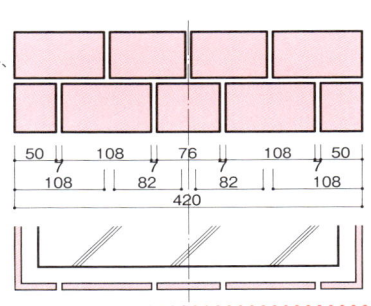

寸法：50｜108｜76｜108｜50
　　　108｜82｜82｜108
　　　　　　420

図30

石表面の仕上げの概要

本磨き	最終仕上げでバフ研磨で光沢を出す(つや出し)
水磨き	最終仕上げが砥石研磨でつや消しの仕上げ
ジェットバーナー仕上げ	バーナーで表面に凹凸をつける。ノンスリップ加工で御影石に使用する
小叩き	両羽ハンマーで小叩きし、現在のジェットバーナーと同等の仕上げを出す

図31

湿式工法と乾式工法

①湿式 ・張力工法：石25mm厚以上
　　　・組石工法：石80mm厚以上

②乾式 ・ファスナー工法 ● スライド方式　H=31m以下
　　　・空積工法(内壁とする) ロッキング方式

浸透性吸水防止材を塗布する。H=10m以下が望ましい

流し筋(縦・横D10)
引き金物(SUS 6Φ)
トロ積め(モルタル)
根石にはFRP補強が必要な場合もある

25│30│40│50
25│30│55│75

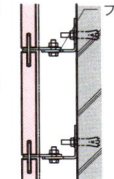

ファスナー(SUS304)
SUS アンカー
SUS ボルト(SUS304)
SUS キャップ
上げ裏

3 デザインと性能に配慮した納まり

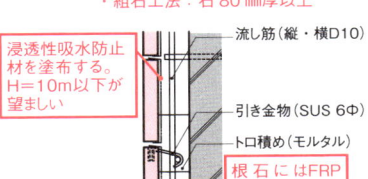

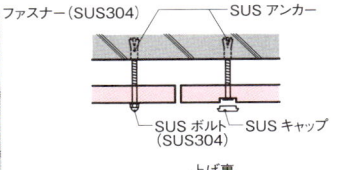

壁面の目地の設計

　鉄筋コンクリート造の外壁面に設ける目地には、打継ぎ目地、亀裂誘発目地、耐震スリットの3つがあります。

打継ぎ目地

　打継ぎ目地は、スラブ、梁、基礎梁の水平面の上端に必ず生じる水平打継ぎ面に設けます。シーリング目地寸法は幅20mm以上、深さはコンクリートふかし厚さ以内かつ10mm以上とし、水勾配のある片テーパー付き目地とします。防水上も重要な止水ポイントです。

亀裂誘発目地

　亀裂誘発目地は、外壁に発生する地震による震動とコンクリートの乾燥収縮などによるひび割れを目地部分に集中（誘発）させる目的で設けられます。目地割付けの基本は、間隔を3m以内、柱心から1.5m以内、開口がある場合は開口両脇に設け、目地による断面欠損率（目地深さ）は壁厚の20%以上とします。誘発目地には止水のためのシーリングを打ちます（図32）。

耐震スリット

　耐震スリットは、壁面を柱・梁、耐力壁、非構造壁に明確に区分することで耐震バランスを向上させ、不明快な部分をなくし、地震時の建物の損傷・被害を減らす目的で設けられるものです。一般的に採用されているものは完全スリット型で、構造フレーム（柱・梁）から雑壁（腰壁、下がり壁、小壁、袖壁など）を柱際と床面上部の3方向で完全に縁を切り、壁を梁から吊り下げるかたちで非構造壁として扱います。設置位置は、構造設計図に明記され、施工図で詳細に割り付けます。

　耐震スリットでは、躯体を完全に分断するため、耐火性能、水密性能、遮音性能、耐久性などにも考慮します。特に、水平スリット周囲の防水処理が難しく十分な検討を行いたいものです。

> 打継ぎ目地、亀裂誘発目地、耐震スリットいずれも防水上の弱点になるので注意が必要です

図32

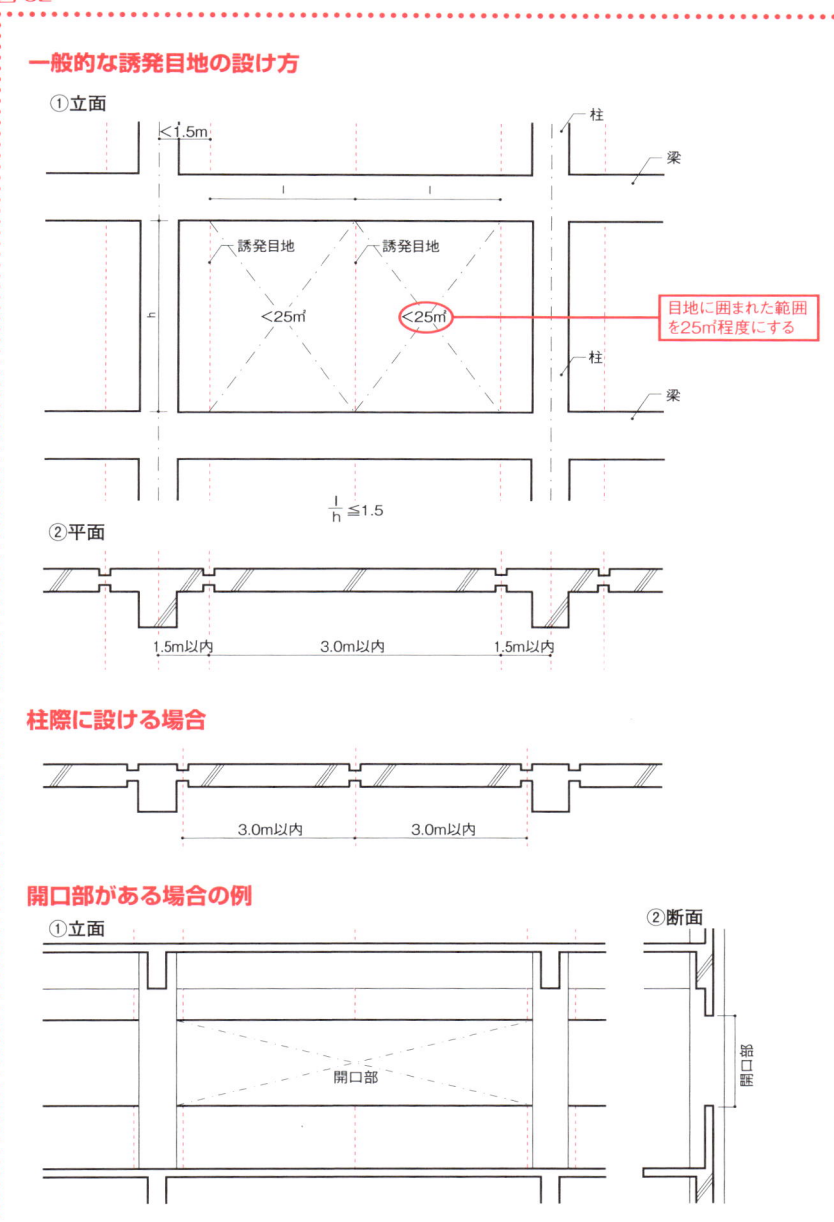

一般的な誘発目地の設け方

①立面

誘発目地 <25㎡ <25㎡

目地に囲まれた範囲を25㎡程度にする

柱 梁

<1.5m

$\dfrac{l}{h} \leqq 1.5$

②平面

1.5m以内　3.0m以内　1.5m以内

柱際に設ける場合

3.0m以内　3.0m以内

開口部がある場合の例

①立面

開口部

②断面

開口部

陸屋根の納まり

アスファルト防水の納まり

　鉄筋コンクリート造の陸屋根の納まりは、アスファルト防水、シート防水、塗膜防水によりパラペットやドレン廻りの納め方が異なります。防水の仕様は、保証期間、屋上の使用条件、地域により屋根面に要求される防火規定、近隣の状況などから選定します。

　陸屋根の防水は、その信頼性や耐久性、断熱性能から、アスファルト防水＋外断熱工法が多く採用されています。

　アスファルト防水では、パラペットにアゴを設けた形状とし、そこに防水層の端部を納めるようにします。既製アルミ笠木を使うこともあります。パラペットの立上り高さは600mm程度とし、アスファルト防水の張り仕舞いはアゴ下で220mm以上の立上り高さを確保します。水勾配は、露出防水で1／50～1／20、保護防水で1／75～1／50とし、ルーフドレンに水勾配を集中させ、雨量と屋根面積から個数と径を決定します。目詰まりには、日常の維持管理のほか、落とし口の防護網を筒型で高さのあるタイプにしたり、竪樋接続部の上端を掃除口にしたりして対応します。住宅の場合は、雨漏り事故の観点から住戸内の雨水配管は極力避けるべきです。

シート防水の納まり

　シート防水の場合、躯体をアゴなしで600mm程度立ち上げ、シート防水材を上端まで張り上げ既製アルミ笠木をかぶせて納めます。水勾配、ドレン、雨水配管などはアスファルト防水と共通です。

　屋上の設備機器基礎は、躯体のアゴ形状で納め、開口部（出入口）は防水アゴの上部に設置します。陸屋根をルーフバルコニーとして使用する場合は、開口部（サッシ）の水返し、水切（皿板）との張り仕舞いを検討し、防水アゴを切って納めるようにします（図33）。

> 防水の種類にかかわらず、パラペット廻りなどの端部の処理が重要になります

図33

パラペット部の納まり①

- 横引きドレン
- シーリング
- 押さえコンクリート 60～80
- 220以上
- アスファルト防水（絶縁）
- 断熱材
- RSL（水下）
- 梁天端下げ 15～20
- 梁
- 断熱補強

パラペット部の納まり②

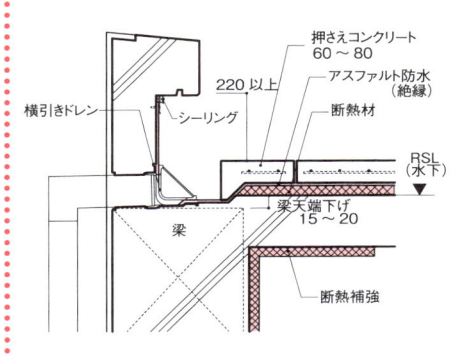

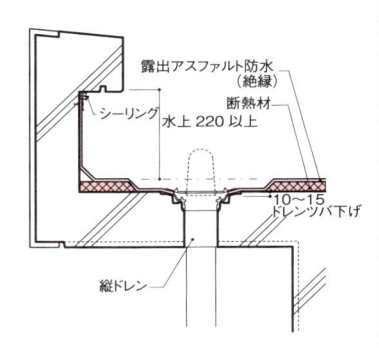

- 露出アスファルト防水（絶縁）
- シーリング
- 断熱材
- 水上 220以上
- 10～15 ドレンツバ下げ
- 縦ドレン

パラペット部の納まり③

- アルミ笠木
- 水上+200以上
- 露出アスファルト防水
- 断熱材

ハト小屋部の納まり

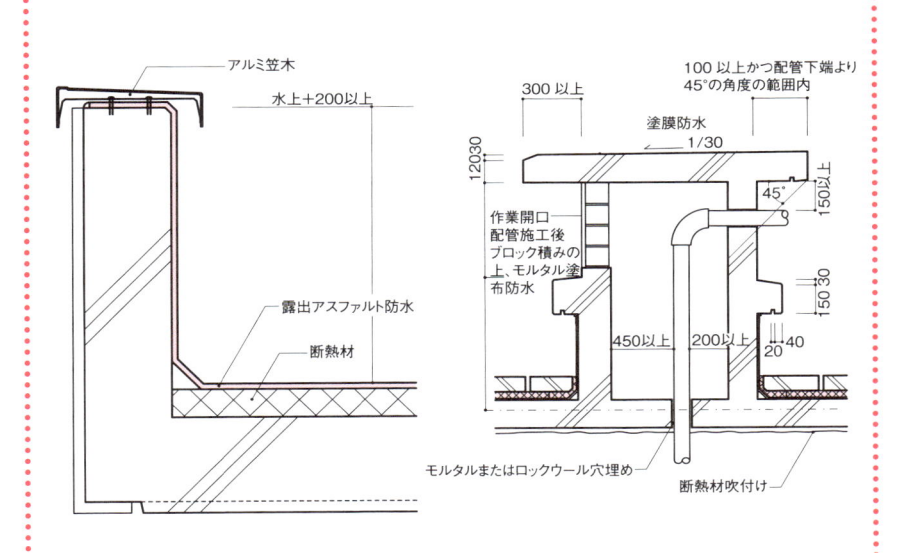

- 300以上
- 100以上かつ配管下端より45°の角度の範囲内
- 塗膜防水
- 1/30
- 120 30
- 45°
- 150以上
- 作業開口 配管施工後ブロック積みの上、モルタル塗布防水
- 150 30
- 450以上
- 200以上
- 20 40
- モルタルまたはロックウール穴埋め
- 断熱材吹付け

3 デザインと性能に配慮した納まり

斜屋根の納まり

斜屋根の考え方

　斜屋根は、屋根面の勾配で雨水を自然（重力）排水させるため、信頼性の高い納まりです。

　ただし、鉄筋コンクリート造では陸屋根が可能なため、斜屋根にするのはデザインや斜線制限の適合などの諸条件がある場合が多くなります。形状は、片流れ、切妻、寄棟、ヴォールト、ドームなどで、屋根材は耐風圧性能を確保し、負圧による屋根の破損に注意して選定します。

斜屋根の仕上げと納まり

　鉄筋コンクリート造の斜屋根では、金属板葺きがよく使われます。金属板には、ステンレス、銅、ガルバリウム鋼板などがあります。葺き方は、立てはぜ葺き、横葺き、一文字葺きなどがあり、躯体と金物（ビス）固定のため、高い耐風圧性能が得られます。外断熱通気工法も可能で、グレードが高い工法です。ガルバリウム鋼板の立てはぜ葺きが、比較的低コストで緩勾配も可能なため多く採用されています。

　そのほか信頼性の高いものとしてよく使われるのが、躯体や下地モルタルに直接張り付けるアスファルトシングル葺きや、見えない部分であれば安価な塗膜防水があります。スレート葺き、瓦葺き、石綿スレート葺きも一般的ではありませんが、鉄筋コンクリート造に施工可能です。タイル張りの斜屋根は剥離・落下事故の危険があり、避けるべきです（図34）。

　部位ごとの注意点は、屋根材の接続部で風圧も大きい棟は包み（棟押さえ、棟包みなど）、屋根材の接続部で雨水が集中する谷も捨て（増し）張りで補強します。

　軒先は雨水が壁面に伝わらないよう水切を設け、樋（軒樋、内樋、樋なし雨落ち）を検討します。

　破風（ケラバ）は、水切のほか、強風によって屋根材が剥がれないように適切な補強を施します。壁取り合い部は立上り部分に水返しを設けます。

> 斜屋根の屋根材は耐風圧性能を確保し、負圧による屋根の破損に注意して選定します

図34

斜屋根の納まり例

①シングル葺き

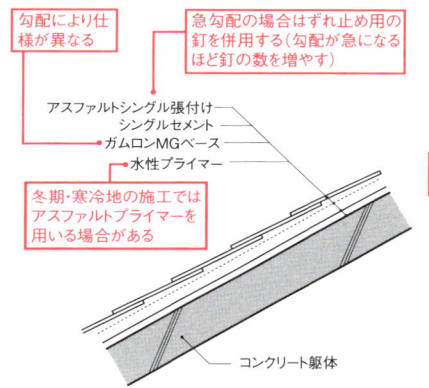

- 勾配により仕様が異なる
- 急勾配の場合はずれ止め用の釘を併用する（勾配が急になるほど釘の数を増やす）
- アスファルトシングル張付け
- シングルセメント
- ガムロンMGベース
- 水性プライマー
- 冬期・寒冷地の施工ではアスファルトプライマーを用いる場合がある
- コンクリート躯体

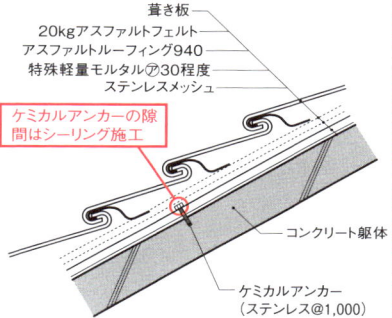

接着工法：
コンクリート下地の場合は、モルタルで金鏝押さえのうえ、木鏝ずりを行う。金鏝のみによる仕上げはプライマーが浸透しにくく、アスファルト防水材が密着しにくいことがあるので避けたほうがよい

②金属葺き（平葺き：一文字葺き）

- 釘、小ねじ、タッピングねじ、らせん釘はステンレス製平頭のものを使用する
- 葺き板
- 20kgアスファルトフェルト
- アスファルトルーフィング940
- 特殊軽量モルタル⑦30程度
- ステンレスメッシュ
- ケミカルアンカーの隙間はシーリング施工
- コンクリート躯体
- ケミカルアンカー（ステンレス@1,000）

平葺き（一文字葺）：
この工法は、葺き板の四周をこはぜにして葺くため、完全に漏水を防ぐことはできないので、下葺きは十分敷き込む必要がある。下地は特殊軽量モルタルで、防水下地はアスファルトルーフィング940品が適当で、この上にアスファルトフェルト430品を増張りするとよい。
なお、アスファルトルーフィングには釘穴シーリング性のよい下葺き用ルーフィングを用いると一層よい

葺き屋根の種類別最低勾配に関する基準例

仕様		最低勾配	流れ長さの最大値(m)	
金属屋根	横葺き	2.5／10[※1]	—	
	一文字葺き	3.5／10[※1]	—	
	瓦棒葺き	1.5／10[※1]	—	
	折板	3／100[※2]	—	
シングル	一文字葺き	2.0／10[※2]	—	
波板石綿スレート		3.5／10[※2]	—	
スレート	勾配3.0／10	3.0／10	切妻 7	寄棟方形 5
	3.5／10		10	7
	4.0／10		13	10
	4.5／10		16	13
	5.0／10		20	16
瓦	4.5／10	4.5／10	3	
	5.0／10		5	
	5.5／10		7	
	6.0／10		7〜	

※1 内部結露や侵入水を考慮し、防水層には釘穴のシーリング性のよい下葺き用のルーフィング（ガムロン、カスタムなど）を使用のうえ軒先に排水機構を設けるか、またはせぎ部にシーリング材を充填する
※2 工法・仕様により勾配が異なるので、メーカーとの打ち合わせを要する

3 デザインと性能に配慮した納まり

庇の納まり

庇の種類

　適切な出幅の庇は、雨から建物を守り、夏季の日差しを室内に入れず、冬季は日射を十分に室内に入れる効果があります。日照調整による冷房負荷低減効果などの観点から見直されつつあります。

　庇を機能上の主目的で分類すると、方位に関係なく小開口部に設けられ、主に雨除けを目的としている小庇（霧除けとも呼ぶ）、主に南面、西面の日射量の多い開口部に設ける日除けを兼ねた庇、玄関庇などに分けられます。

各庇の設計ポイント

　小庇は、鉄筋コンクリート造の跳ね出しで構成することが多く、出幅は窓の高さで調整し、400〜600mm前後とします。片勾配で雨水を排水し、ドレン配管をしないため、先端が汚れやすくなります。屋根材を葺く場合、問題はないのですが塗膜防水仕上げとする場合は、鼻先の汚れ防止のため水切形状を工夫します。既製品では強化ガラス製、アルミ製があり、出幅は900mm程度まであるので、日照調整用としての機能も有するものです。

　日照調整（日除け）を兼ねる庇は、出幅を900mm以上とし、開口部の高さと日照角度により決定します。小庇に挙げたもののほか、テント地の可動オーニングや可動アルミルーバーなどがあります。単に日照調整であれば、外付けブラインドも効果が高く、併用することで庇の出幅を抑えられます。

　玄関庇（キャノピー）は、前出の庇と比べて大型であるため、陸屋根同様の防水仕様とし、排水ドレンを計画します。鉄筋コンクリート造の跳ね出しは2〜3mが限界で、鉄骨下地とすることも多くあります。金属板などで軒天を張り、先端は逆勾配として汚れを防ぎます。いずれも耐風圧性能から、負圧による庇の持ち上がりや正圧による屋根材の破損に耐える強度を確保します（図35）。

> 開口部の大きさや用途によって庇の種類を決定し、雨水排水をどう処理するか考えます

図35

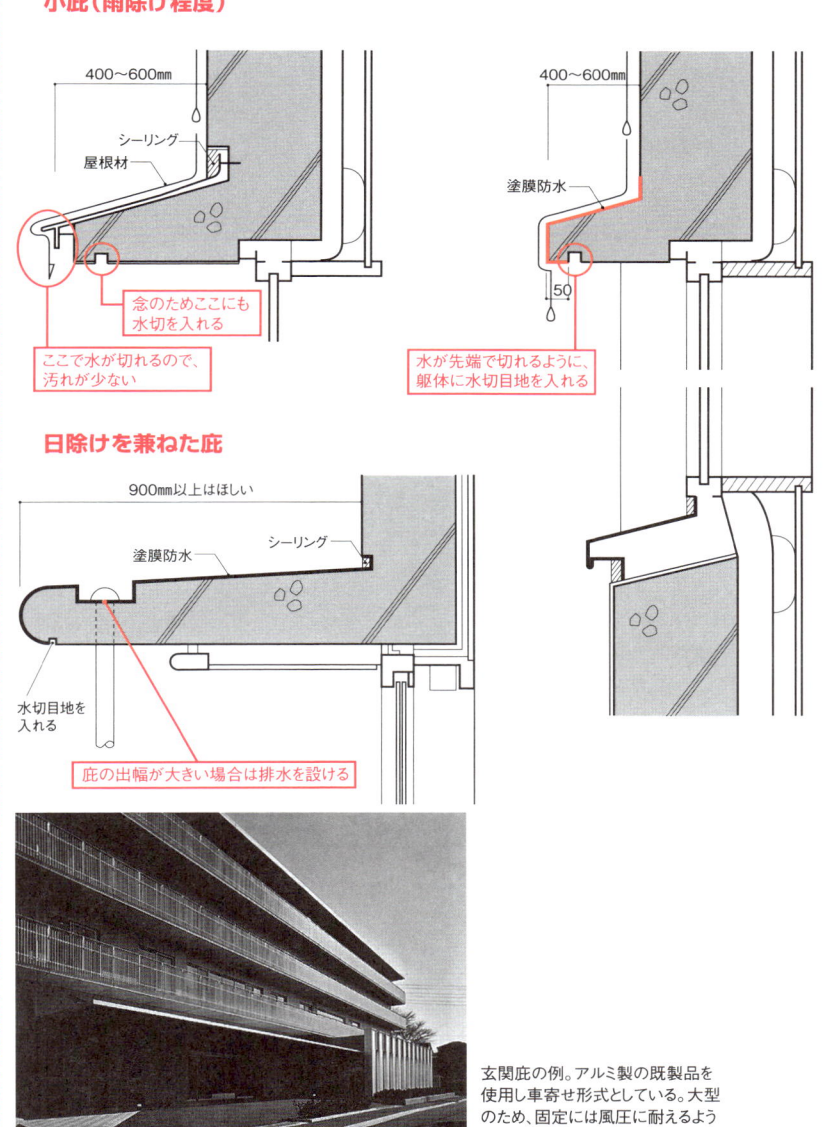

小庇(雨除け程度)

400〜600mm
シーリング
屋根材
念のためここにも水切を入れる
ここで水が切れるので、汚れが少ない

400〜600mm
塗膜防水
50
水が先端で切れるように、躯体に水切目地を入れる

日除けを兼ねた庇

900mm以上はほしい
塗膜防水
シーリング
水切目地を入れる
庇の出幅が大きい場合は排水を設ける

玄関庇の例。アルミ製の既製品を使用し車寄せ形式としている。大型のため、固定には風圧に耐えるよう十分注意し施工する必要がある

3 デザインと性能に配慮した納まり

サッシ、玄関ドアの納まり

サッシ

　鉄筋コンクリート造に使用されるサッシの素材は、アルミ、スチール、ステンレス、樹脂、木製などがあります。性能と経済性の面から、現在はアルミサッシが多用されています。

　サッシの開閉方式は、引違い窓や開き窓、すべり出し窓など多種多様な開閉方式があり、採光・換気・排煙などの法規定を満たした上で選定します。掃除方法や網戸の開閉方式による取り合いも検討します。耐風圧性、気密性、水密性、遮音性、断熱性を考慮し、防火性能を求められる時には網入りガラスも必要となります。

玄関ドア

　鉄筋コンクリート造の玄関ドアも、素材別に、鋼製、アルミ製、木製などがあり、それぞれ既製品と特注製作品があります。耐風圧性、気密性、水密性、遮音性、断熱性と求める基本性能・仕様を検討し、防火性能、耐震機能、防犯仕様、指挟み防止機能、デザインなどを検討します。地震による建物の変形で避難経路にある玄関扉が開かなくならないよう、また防犯、デザイン、遮音など求められる機能は少なくありません。防火性能が必要な場合も多く、防火設備認定品の使用が必要です。防犯仕様は、主に錠や鍵などの選択が中心となります。指挟み事故の例もあり、設置には各性能から十分な検討が必要となります（図36）。

サッシ納まり

　サッシはドアと違い、直接風雨が当たることも多く、漏水させないことを最優先に納まりを検討します。

　壁面を伝わる雨水の水切と水返しは重要で、下部の抱き部分では、サッシ本体に水切板を設け、躯体面でも水勾配を取り排水します。躯体との隙間には防水モルタルを充填し防水シーリングを行う必要があり、各種の仕上げ端部とサッシの取り合いなどを十分に検討します（図37）。

> サッシやドアは、材質、納まり、開閉方式、性能などさまざまな点を考慮します

図36

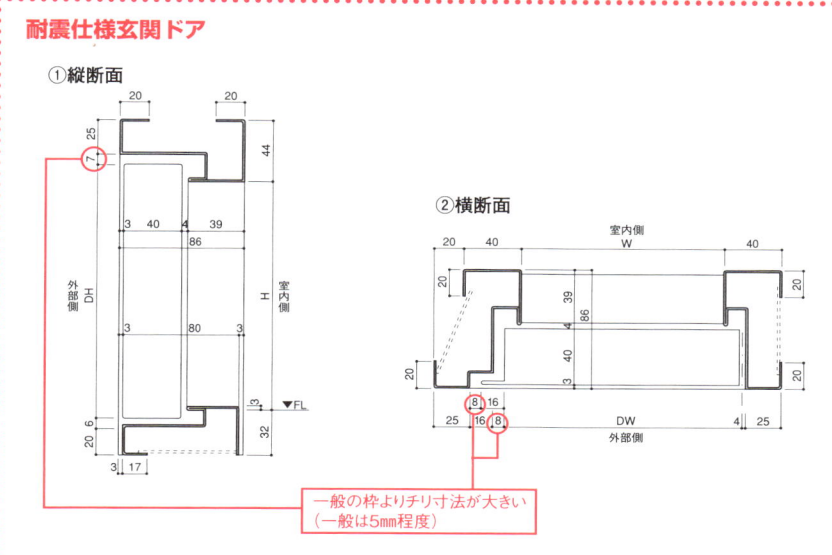

耐震仕様玄関ドア

① 縦断面

② 横断面

一般の枠よりチリ寸法が大きい
（一般は5mm程度）

図37

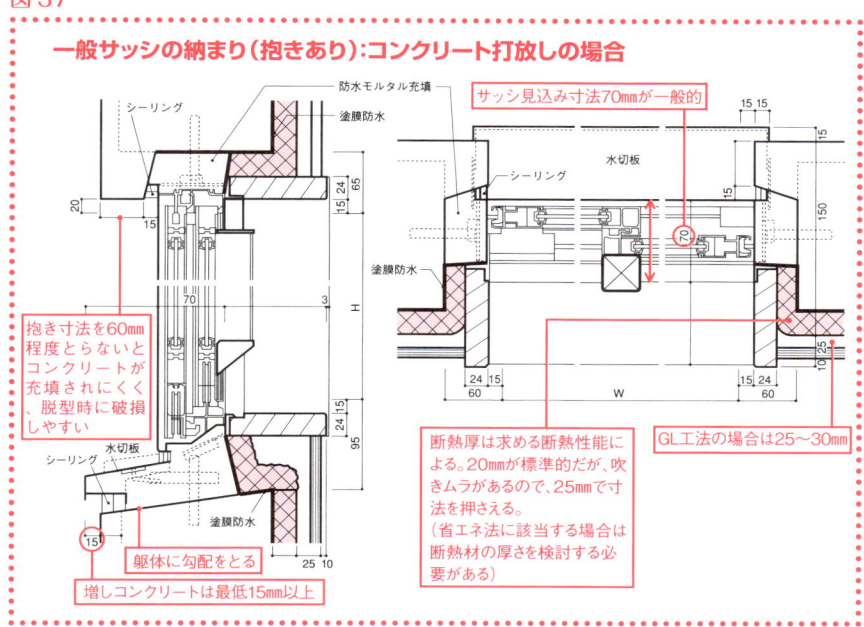

一般サッシの納まり（抱きあり）：コンクリート打放しの場合

抱き寸法を60mm程度とらないとコンクリートが充填されにくく、脱型時に破損しやすい

サッシ見込み寸法70mmが一般的

断熱厚は求める断熱性能による。20mmが標準的だが、吹きムラがあるので、25mmで寸法を押さえる。
（省エネ法に該当する場合は断熱材の厚さを検討する必要がある）

GL工法の場合は25〜30mm

躯体に勾配をとる

増しコンクリートは最低15mm以上

3　デザインと性能に配慮した納まり

065

バルコニーと防水仕様

跳ね出しバルコニー

下階に居室がない跳ね出しバルコニーの場合は、ドレンとオーバーフローを有効に設け、防水を施工しないで納めるのが一般的です。バルコニー床スラブと外壁の取り合い部分（切付け部）と排水溝内部は塗膜防水とし、平場部分をタイル張りやノンスリップ塩ビシート張りとする仕様が多いです。

跳ね出しバルコニーの付け根部分は、長期的な変形が大きく、クラックが発生しやすいため、ひび割れからの浸水で仕上材の剥離や床裏面の白華などの不具合の原因となります。防止策として誘発目地を一般部より増やし、床面と床裏の同位置に1.5m以上3m以内に設けるなどします。

逆梁タイプ・ルーフバルコニー

逆梁タイプとは、梁を逆梁として柱と共にバルコニーの外側に配置した形状です。梁をバルコニーの腰壁とすることでその内側のサッシ面が柱梁フレームから切り離されるため、開口部面積が大きく取れ、室内を明るくできます。最近の分譲マンションなどに多く、逆梁アウトフレーム工法とも呼ばれます。

バルコニー床全面は塗膜防水（樹脂系シート防水も可能）とし、タイル張りやノンスリップ塩ビシート張り仕上げとし、切付け部と排水溝は塗膜防水とする仕様が一般的です。サッシ下端の防水納まりに注意し、必ず開口部下に躯体の立上りを設けます。

下階が居室（室内）となる屋上（屋根）をバルコニーとして使用する場合（ルーフバルコニー）は、必ず防水施工します。日常的に使用するため、アスファルト外断熱工法の上に押さえコンクリート仕上げとするのが一般的です。

各部の納まりは陸屋根と同様です。ドレンは横引きとし、室内の雨水配管は避けるのが基本です（図38）。

> バルコニーの防水仕様は、下階の居室の有無とバルコニーの形状によって異なります

図38

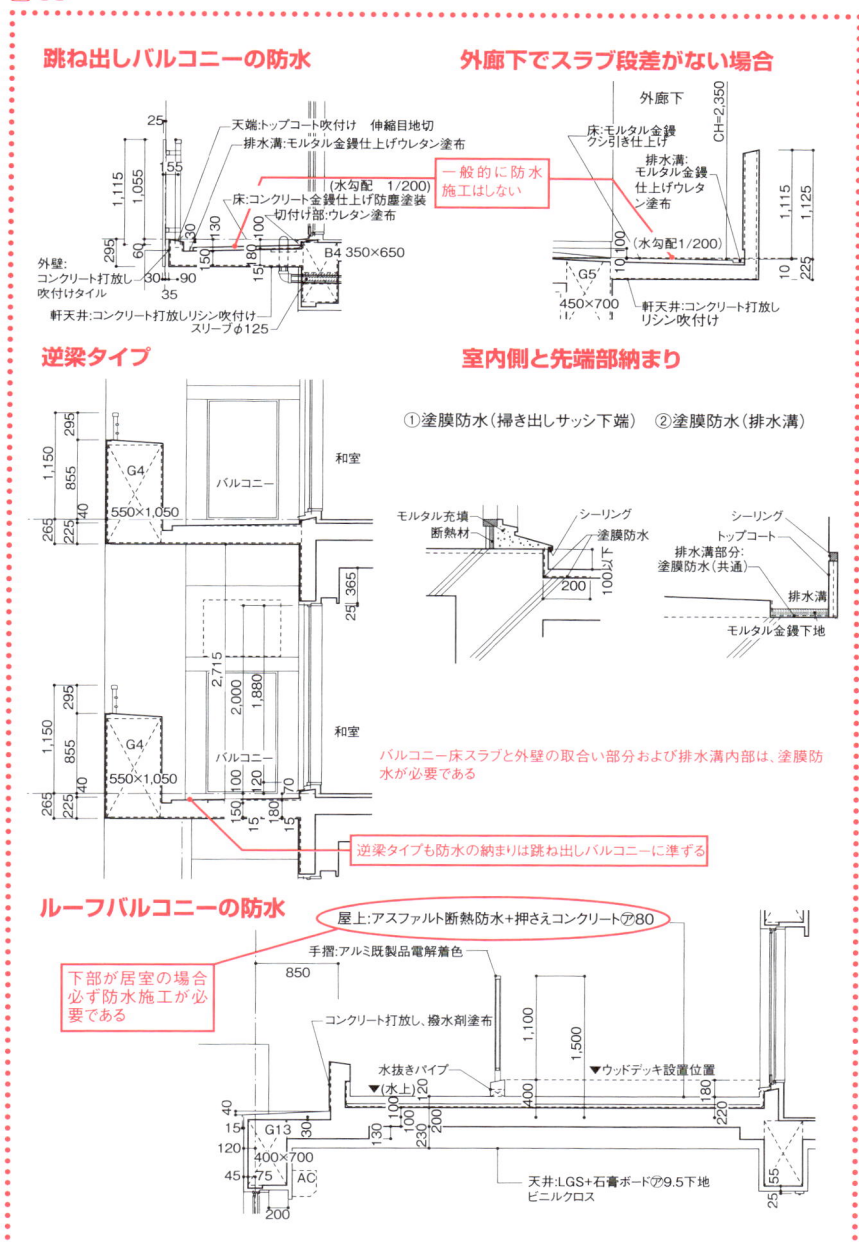

跳ね出しバルコニーの防水

外廊下でスラブ段差がない場合

逆梁タイプ

室内側と先端部納まり

①塗膜防水（掃き出しサッシ下端）　②塗膜防水（排水溝）

バルコニー床スラブと外壁の取合い部分および排水溝内部は、塗膜防水が必要である

逆梁タイプも防水の納まりは跳ね出しバルコニーに準ずる

ルーフバルコニーの防水

下部が居室の場合必ず防水施工が必要である

手摺・ドレン廻りの納まり

手摺の選択と納まり

　バルコニーの手摺は、デザイン、安全性、耐久性のバランスで選択します。

　共同住宅では、転落・落下事故の防止のため、手摺高さは1100mm以上とします。躯体による腰壁とすれば安全性・耐久性の確保は容易ですが、金属手摺の場合、幼児の足掛かりとなる横桟形状は避け、安全な縦桟形状とし手摺子の間隔は110mm以下とします。

　金属手摺は、ステンレスやアルミがさびないので有効です。スチールであれば防錆処理を溶融亜鉛メッキすると耐久性が向上します。金属手摺は十分な強度が必要で、特にアルミ製は強度が不足するので固定方法を検討します。

　手摺廻りは法規定により、避難ハッチの設置や、避難通路とする場合は有効幅が600mm以上必要となります。ガス給湯器、空調室外機、物干金物などの設置寸法の検討も併せて行います。

ドレンの選択と納まり

　バルコニーのドレンは、詰まりを想定して2カ所以上設けます。小規模なもので1カ所とする場合はオーバーフロー管を検討します。竪樋は共用できるように上下階で平面設置位置をそろえ、ドレンの位置、材質、形式、径などを、設計図、特記仕様書に明記します。

　ドレンには縦型と横型があり、材質には、ステンレス製、鋳鉄製（FRP防水では樹脂製を使用）があります。バルコニー先端の塗膜防水を施工した排水溝内に、縦型ドレンを設置する方法が一般的です。呼び樋にして外壁際の竪樋につなぐ方法と、中継ドレンにして竪樋を先端側で通す方法がありますが、防犯上、呼び樋形式が優れています。設置個数や排水径は雨水分担面積で決定しますが、排水溝の水勾配（1／100程度）を確保するためのドレン間隔が決定要因となります（図39）。

> 手摺はデザイン、安全性、耐久性で選択し、ドレンは詰まりを想定して計画します

図39

手摺の設計基準
①高さの基準
- バルコニー、廊下、屋外階段、ルーフバルコニーの床仕上面よりの手摺の高さは、階数に応じ下記の通りとする
  - 1〜15階以上　　1,200mm以上（足掛かり（700mm未満）より1,100mm以上）
  - 16階以上　　　1,300mm以上（物件ごとに検討する）
- 空調室外機が足掛かりとならないように考慮する

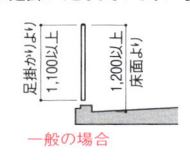

一般の場合

幼児がよじ登れない高さに足掛かりがある場合

②隙間の基準
　手摺の隙間は内法で110mm以下とし、手摺の下および側面の手摺とほかの部分の隙間は90mm以下とする

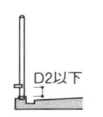

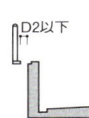

D1:110mm
幼児の頭部がすり抜けて通らない寸法
D2:90mm
乳幼児の頭部がすり抜けて通らない寸法

③強度の基準
　廊下側は水平強度300kgf/m、バルコニー側は水平強度150kgf/m以上の製品を採用すること

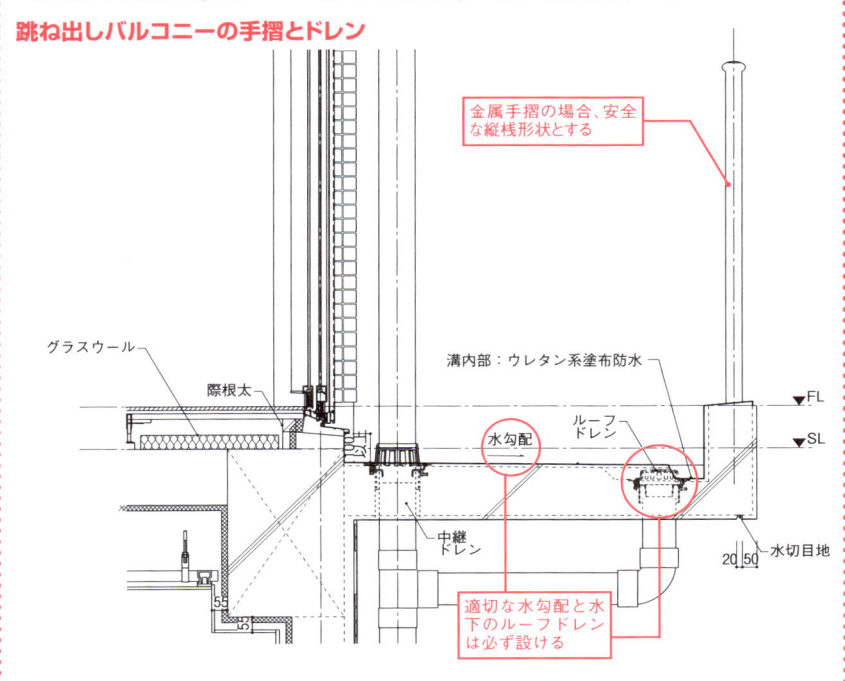

跳ね出しバルコニーの手摺とドレン

金属手摺の場合、安全な縦桟形状とする

グラスウール
際根太
溝内部：ウレタン系塗布防水
水勾配
ルーフドレン
FL
SL
中継ドレン
水切目地
適切な水勾配と水下のルーフドレンは必ず設ける

3 デザインと性能に配慮した納まり

069

掃き出し窓廻りの納まり

掃き出し窓の納まり

　掃き出し窓とは、室内から屋外（バルコニー）へ出入りできる開口部のことで、出入口下端に防水のための立上りがあるサッシも含みます。立上り寸法は、特にバリアフリーとして屋内外の床面をフラットな面とする要求がない場合は、180mm以下であれば使用上支障はありません。

　一般的なバルコニーに設ける掃き出しサッシの場合は、室内側を幅木の高さ程度の立上りとし85mm程度に抑え、屋外側を室内床レベルから50〜100mm程度下げて防水を納めます。

　サッシ下部の立上り部はコンクリートを打設し、外部躯体（バルコニー床面）の水勾配は1/50以上の外勾配（サッシ側が水上になる）とします。

　ルーフバルコニーの掃き出し窓では、防水性能を優先して防水立上りを300mm程度とします。

バリアフリー仕様の納まり

　バリアフリー仕様の掃き出しサッシでは、下枠面に段差のない各メーカー専用のバリアフリー仕様下枠を用います。

　室内と屋外の床高さをそろえる場合、バルコニー側の床面にウッドデッキやタイルが施工された置き床ユニット方式（乾式工法）が採用されます。また、ユニットは300mm角程度で取り外して裏面の清掃ができる大きさとし、排水ドレンは目視できるようにします。

　バルコニー側の床面に石張り、タイル張りなどをモルタル下地でかさ上げする場合は、躯体上面に防水を施し、サッシ際に溝をつくり、グレーチングの蓋を被せます。その溝とドレンで排水を2カ所設けます。排水をかさ上げ部分の排水管埋め込みとする場合は、砂や埃詰まりに注意する必要があります。重量が増えるため、構造の検討も必要となります（図40）。

> 掃き出し窓では、サッシ下部に必要な防水立上り寸法をしっかりとります

図40

バリアフリー＋ベランダデッキ（乾式工法）

- ドレン廻りは点検できるようにする
- ウレタン系塗布防水
- 水勾配
- ルーフドレン
- 納戸取付けのためのサッシの上部見付け寸法

ルーフバルコニーの出入り口の納まり

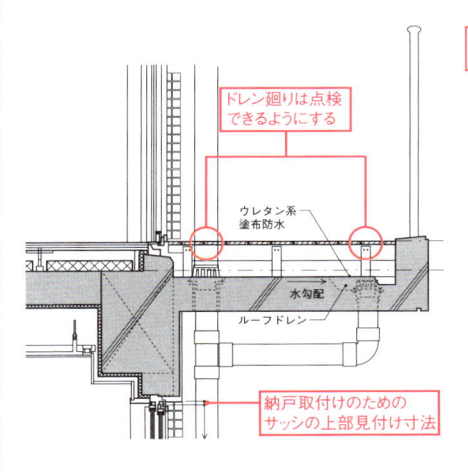

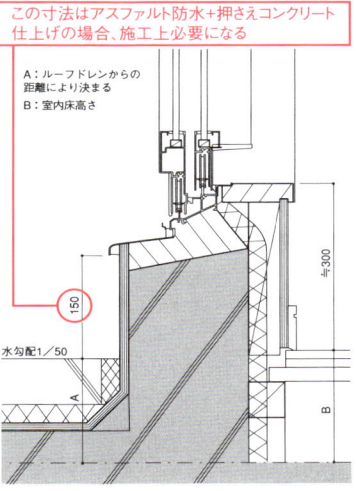

- この寸法はアスファルト防水＋押さえコンクリート仕上げの場合、施工上必要になる
- A：ルーフドレンからの距離により決まる
- B：室内床高さ
- 150
- ≒300
- 水勾配1/50

バリアフリー＋ベランダかさ上げコンクリート（湿式方法）

- 溝をドレンまでつないで排水する
- 躯体に合わせて伸縮目地を入れる
- グレーチング
- 水勾配
- ▼FL
- 躯体面で防水する
- 水抜きパイプは葉っぱなどが詰まり水が流れなくなることがあるためやめたほうがよい

一般的なバルコニーの納まり

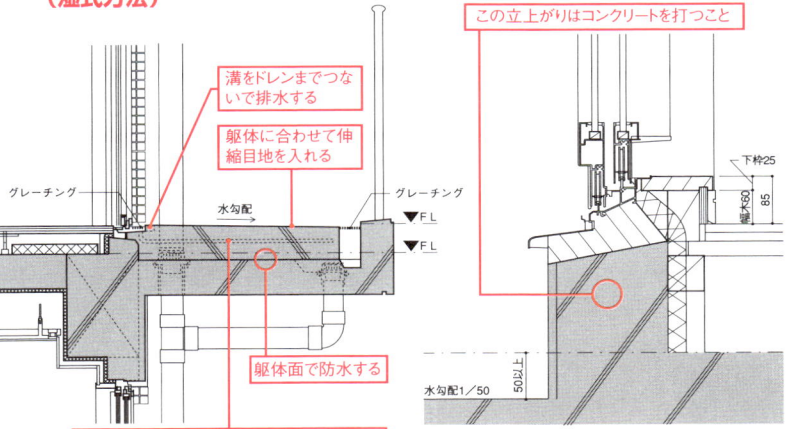

- この立上がりはコンクリートを打つこと
- 下枠25
- ≒60
- 85
- 幅≒60
- 50以上
- 水勾配1/50
- 躯体寸法で50mm以上確保すること

3 デザインと性能に配慮した納まり

071

床仕上げと下地の納まり

内部床仕上

床仕上げには、石材、タイル、フローリング類、塩ビシート類、カーペット、塗装仕上げなどがあります。居室用途の床材にはフローリングがよく使われます。種類も多く、ムク材のほか、練付け材（複合フローリングなど）もよく使われます。練付け材は、単板の厚みや塗装のグレードで価格が変わります。種類にかかわらず床暖房設備を導入する場合は、床暖房対応品とする必要があります。

下地工法別の注意点

置き床工法は下地に脚（束）をもつ下地工法で、スラブと仕上材の間を設備の配管・配線スペースとして利用できます。脚の長さを調節して仕上がり寸法が変えられるので（一般にスラブからの仕上がり寸法が50～600mm程度）、床スラブに段差があっても、段差のない床面ができます。遮音性能をもつ製品が多いため、歩行感を損なわずに遮音性能が確保できますが、下地合板部分で床鳴りが出ることもあり注意が必要です。

石、タイルなどを乾式工法で施工する場合は、合板厚さ12mmの二重張り下地とするなど下地を補強し、仕上材は接着剤張りとします。接着剤張りとした場合に仕上材が薄いと目地の部分も薄くなって取れやすくなるので、目地材の選定に注意が必要です。

根太組み下地は、本格的な和室などを除いて、現在はあまり使われていません。

セルフレベリング材による下地の場合は仕上がり寸法が小さくて済みますが、下地の精度が仕上がりに影響します。また、セルフレベリング材下地にフローリングを直張りする場合は、裏面にクッション材などが付いたフローリングを用いて接着剤張りとします。

クッション材の、通常とは異なる歩行感と重い家具を置く際の沈み込みなどに注意が必要です（図41）。

> 下地工法の長所・短所を把握し、適切な工法を選択します

図41

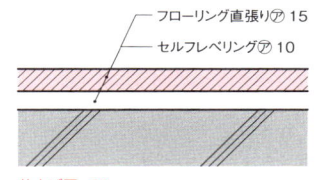

フローリング（直張り）
- フローリング直張り⑦ 15
- セルフレベリング⑦ 10

仕上げ厚＝30mm

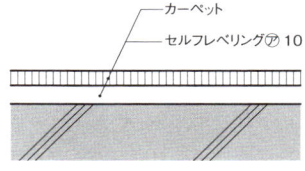

カーペット（直張り）
- カーペット
- セルフレベリング⑦ 10

仕上げ厚＝30mm

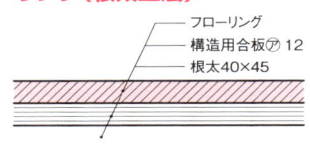

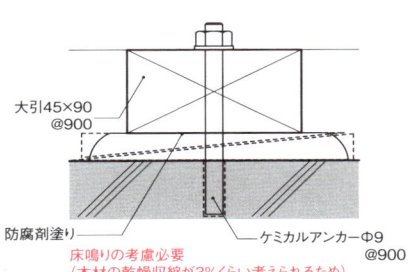

フローリング（根太工法）
- フローリング
- 構造用合板⑦ 12
- 根太40×45
- 大引45×90 @900
- 防腐剤塗り
- ケミカルアンカーΦ9 @900

床鳴りの考慮必要
（木材の乾燥収縮が3％くらい考えられるため）
仕上げ厚＝135mm

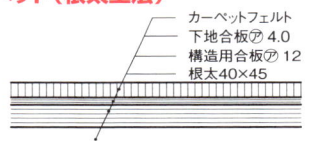

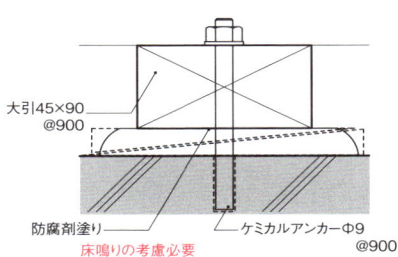

カーペット（根太工法）
- カーペットフェルト
- 下地合板⑦ 4.0
- 構造用合板⑦ 12
- 根太40×45
- 大引45×90 @900
- 防腐剤塗り
- ケミカルアンカーΦ9 @900

床鳴りの考慮必要
（木材の乾燥収縮が3％くらい考えられるため）
仕上げ厚＝135mm

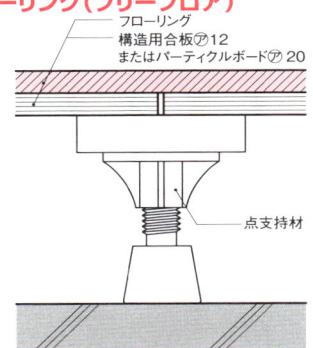

フローリング（フリーフロア）
- フローリング
- 構造用合板⑦12　またはパーティクルボード⑦ 20
- 点支持材

仕上げ厚＝80mm

セルフレベリング材の特徴
・圧縮強度は、材齢28日で45N/m²程度（20℃封緘生）
・ブリージングの発生がなく、無収縮を確保
・5mm程度の小間隙にも充填可能
・高い材料分離抵抗性（ポンプ圧送、打ち下ろしにも支障なく施工）および水中不分離性の保持
・6時間または9時間程度の流動性を保持
・生コンクリート方式で運搬するため、空袋の発生なし
・固定プラント式のため、品質の安定した製品を供給

壁仕上げと下地の納まり

壁仕上げ

壁の仕上げには、石、タイル、金属や木質パネル、合板、クロス、塗装仕上げなど多数あります。デザインによって、打放しのままの仕上げもあり、腰部分や面によって仕上材を変えたり、同一仕上材としつつも色やつやの程度を変えたりします。曲面や壁の出隅の部分は、石、タイル、パネルなど、仕上材によっては役物が必要になります。部屋の用途によっては内装制限など防火性能を求められることもあり、ホルムアルデヒドなどの揮発性有機化合物を含む材料の使用には十分な配慮が必要です。

内部壁の下地

内壁の仕上げの下地には、コンクリート直仕上げのほか、間仕切壁などでLGS（軽量鉄骨）や木下地に石膏ボードや化粧ボードなどを取り付けたり、躯体に直接GLボンドで石膏ボードを取り付ける工法（GL工法）などがあります。

外断熱を除き外壁面は壁下地に断熱処理を行うため、コンクリート直仕上げはしません。また、間仕切壁でも外壁や屋根スラブから一定の範囲は断熱処理が必要であり、同様に直仕上げはできません。

適切なボードの厚さや張り方

クロス張りや塗装仕上げの下地となる石膏ボードは厚さ12.5mmを使用するのが普通です。洗面所などの水廻りでは湿気対策を考慮した下地とします。ビニルクロスの下地には、耐水石膏ボード、タイル・石張りであれば、ケイ酸カルシウム板下地とします。コンロ廻りなどの低温炭化の防止にケイ酸カルシウム板を張ることもあります（図42）。

種々の出隅部分は傷みやすい部分なので、コーナーガードを付けない場合でも、下地には補強材を入れる必要があります。

> 仕上材や使用部位に応じて適切な下地材を選択します

check！

図 42

石膏ボード直張り（GL工法）
石膏ボード⑦ 12.5
GL ボンド
仕上厚＝30mm

硬質ウレタンフォーム ＋ 石膏ボード直張り
硬質ウレタンフォーム
GL ボンド
石膏ボード
硬質ウレタンフォームを吹付け、その上から
プライマー処理をし、GLボンドを施工する
断熱材厚＝20mm
仕上総厚＝55mm
（省エネ法対象の場合断熱材が厚くなるので注意）

コンクリート打放し
コンクリート打放し
ふかし厚＝15mm

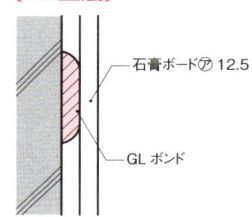

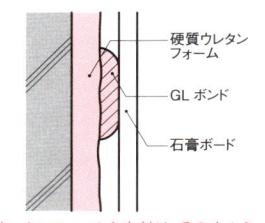

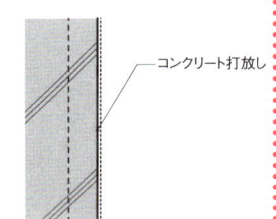

石膏ボード＋LGS
石膏ボード⑦ 9.5・12.5
繊維混入セメント板類⑦ 6
LGSスタッド@303
（石膏ボードシングル張りの場合）
LGSのピッチが@455mmの場合、
水平にジョイントを入れる

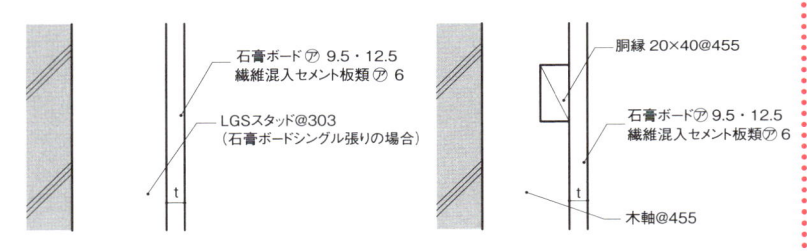

石膏ボード＋木下地
胴縁 20×40@455
石膏ボード⑦ 9.5・12.5
繊維混入セメント板類⑦ 6
木軸@455
胴縁の納まりが木軸と同面でない場合は、
胴縁のピッチは303mmとする

間柱およびランナーの種類

部材種別	スタッド（mm）	ランナー（mm）	高さによる適用
45 形	C－45×65×0.5 以上	C－46.6×40×32×0.6 以上	高さ 4,040mm以上
50 形	C－50×45×0.6 以上	C－51.6×40×32×0.6 以上	高さ 4,040mm以上
65 形	C－65×45×0.6 以上	C－66.6×40×32×0.6 以上	高さ 4,870mm以上
75 形	C－75×45×0.6 以上	C－76.6×35×0.6 以上	高さ 5,310mm以上
90 形	C－90×45×0.6 以上	C－91.6×35×0.6 以上	高さ 5,700mm以上
100 形	C－100×45×0.6 以上	C－101.6×35×0.6 以上	高さ 6,000mm以上
特記	・振れ止め @1,200 ・JIS 規格の仕様の場合は、ほかの資料を参照すること		

天井仕上げと下地の納まり

天井仕上げ

天井の仕上材には、塗装仕上げ、クロス、化粧吸音板、板類、アルミスパンドレルなどがあります。

設備器具の埋込み寸法や天井内ダクト寸法、躯体の梁位置・寸法を踏まえてデザインします。板張り、アルミスパンドレルなど、方向性のあるものは部屋の形状も考慮に入れ計画します。

軽天下地の考え方

鉄筋コンクリート造では、軽天といって、LGS（軽量鉄骨）で下地を組むことが多くあります。軽天では、吊ボルト、野縁受、野縁のいずれもLGSとなります。天井懐寸法は最小100mm程度とします。

軽天の野縁の間隔は仕上材により300～360mmとします。野縁受、吊ボルトの間隔は900mm程度、周辺部は端から150mm以内とします。

天井仕上げの考え方

塗装やクロス張りの下地は、一般的に石膏ボード9.5mm厚を下地とします。塗装・吹付け下地のときには、ジョイントテープの厚みが仕上げに出るため、ボード全面を寒冷紗張りとすることもあります。

天井を化粧吸音板で仕上げる場合は、化粧吸音板の下に捨て張りとして石膏ボードを張り下地とします。

板張り、スパンドレル張りの場合は、材料の張り方によって受け材の方向も変わります。板張りなどは長手方向に張るのが基本で、継手は突付けとしたり見切材を入れたりします。スパンドレルなどの製品の場合は、継手用にジョイナーが用意されています。

いずれにしても天井材では、製品寸法を考えて割付けや割付け基準を決めます。割付け基準は中心から振り分けたり柱・壁芯を基準にし、端部に小さな寸法のものが来ないようにします（図43）。

> 天井材では、端部に小さな寸法のものが来ないように割り付けます

図43

塗装仕上げ
LGS、石膏ボード下地

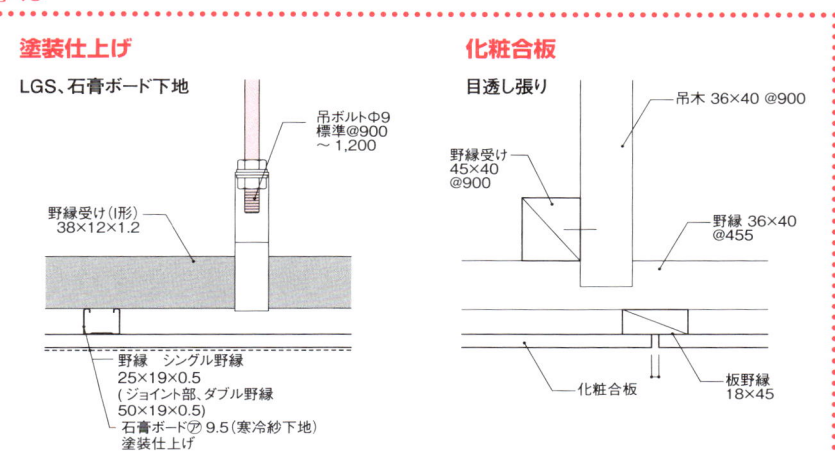

- 吊ボルトΦ9 標準@900～1,200
- 野縁受け(I形) 38×12×1.2
- 野縁 シングル野縁 25×19×0.5（ジョイント部、ダブル野縁 50×19×0.5）
- 石膏ボード⑦9.5(寒冷紗下地) 塗装仕上げ

塗装の仕上げグレードを上げる場合、ボード二重張り

化粧合板
目透し張り

- 吊木 36×40 @900
- 野縁受け 45×40 @900
- 野縁 36×40 @455
- 化粧合板
- 板野縁 18×45

木下地の例。目地寸法は合板厚さと同じに

ロックウール吸音板

①LGS、直張り工法

初めに天井材の割付けをする

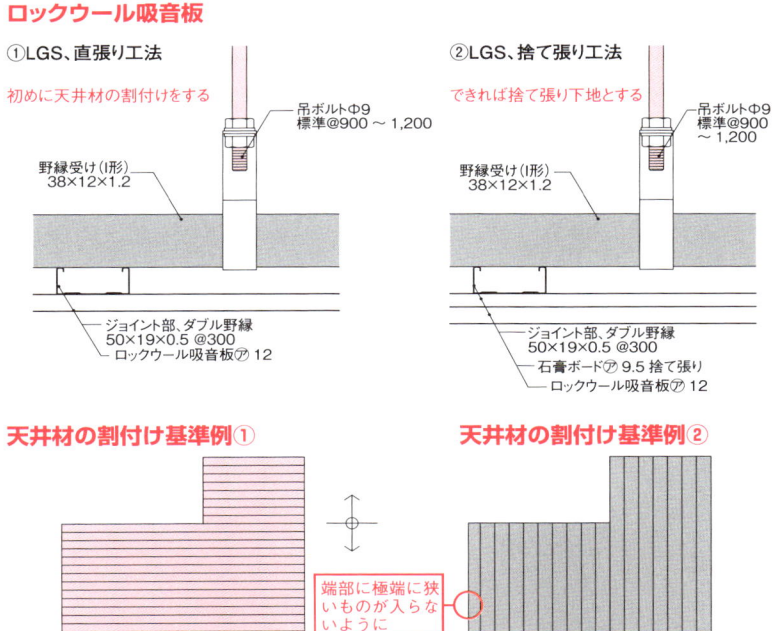

- 吊ボルトΦ9 標準@900～1,200
- 野縁受け(I形) 38×12×1.2
- ジョイント部、ダブル野縁 50×19×0.5 @300
- ロックウール吸音板⑦12

②LGS、捨て張り工法

できれば捨て張り下地とする

- 吊ボルトΦ9 標準@900～1,200
- 野縁受け(I形) 38×12×1.2
- ジョイント部、ダブル野縁 50×19×0.5 @300
- 石膏ボード⑦9.5 捨て張り
- ロックウール吸音板⑦12

天井材の割付け基準例①

端部に極端に狭いものが入らないように

長尺物は長手方向使いが基本

天井材の割付け基準例②

幅広材の場合は短手方向使いもある

---

3 デザインと性能に配慮した納まり

床・壁・天井、各部の取り合い

床と壁の取り合い

　床と壁の取り合い部分は、それぞれの仕上材が見切る所であり、一般に幅木（はばき）が使われます。掃除などの折に、壁の損傷や汚れを防ぐもので、材料は、壁材と同じものとしたり、木製、樹脂製など多様で寸法も幅広く、デザイン上の配慮が必要です。

　幅木の高さ寸法は、一般的には60mm程度、チリ寸法は出入口の枠や額縁（がくぶち）のチリ寸法より小さくします（額縁のチリが10mmなら、幅木のチリは7mmにするなど）。額縁に面取り加工などをした場合は幅木も同様に加工すると見た目のバランスがよくなります。なお、幅木の高さ寸法を40mmにしたり、材質を木下地で木目を出したり、あるいは塗装仕上げにしたりすると、仕上がりの印象も違ってきます。

　壁の石膏ボード張りの下端に幅木を設ける納まりが基本です。

　壁を石やタイル張りとした場合は、これらに十分な硬さもあり、幅木を省略する場合もあります。ただし、石やタイル張りでは入隅（すみ）がシーリング納めとすると汚れが目立ちます（図44）。

壁と天井の取り合い

　壁と天井の取り合い部分で、仕上材が異なる場合の見切材として使われているのが、廻り縁（まわぶち）です。廻り縁の材料は、既製品の場合、木製、樹脂製、アルミ製などがあり、形状や寸法、塗装色などさまざまです。製作物であれば、室内空間に合った廻り縁を、寸法、形状ともに自由に決められます。仕上材が塗装・クロスなど、壁と天井が同一仕上材の場合は、廻り縁を付けず、目透しにしてすっきり見せることもありますが、下地の石膏ボード張りの精度が壁仕上がりに大きく影響するため注意深い壁下地工事が必要となります。

　木製の廻り縁を塗装仕上げとする場合、木地を見せるか見せないか、淡色にするか濃い色にするかで見え方が変わるので、十分に検討します（図45）。

> 幅木や廻り縁は、床、壁、天井の取り合い部分であり、きれいに見切る必要があります

図44

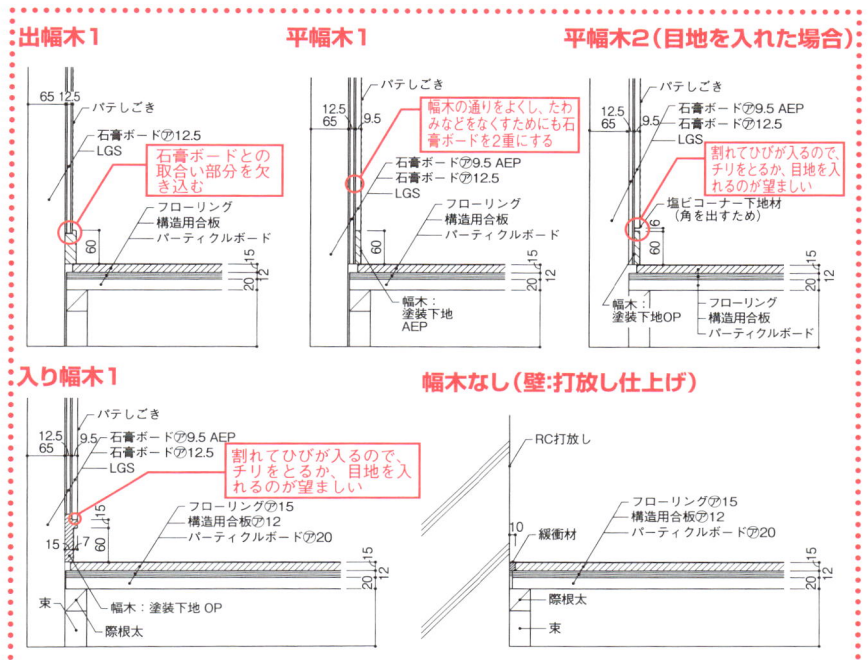

出幅木1
- パテしごき
- 石膏ボード⑦12.5
- LGS
- 石膏ボードとの取合い部分を欠き込む
- フローリング
- 構造用合板
- パーティクルボード

平幅木1
- パテしごき
- 石膏ボード⑦9.5 AEP
- 石膏ボード⑦12.5
- LGS
- 幅木の通りをよくし、たわみなどをなくすためにも石膏ボードを2重にする
- フローリング
- 構造用合板
- パーティクルボード
- 幅木：塗装下地 AEP

平幅木2（目地を入れた場合）
- パテしごき
- 石膏ボード⑦9.5 AEP
- 石膏ボード⑦12.5
- 割れてひびが入るので、チリをとるか、目地を入れるのが望ましい
- 塩ビコーナー下地材（角を出すため）
- フローリング
- 構造用合板
- パーティクルボード
- 幅木：塗装下地OP

入り幅木1
- パテしごき
- 石膏ボード⑦9.5 AEP
- 石膏ボード⑦12.5
- LGS
- 割れてひびが入るので、チリをとるか、目地を入れるのが望ましい
- フローリング⑦15
- 構造用合板⑦12
- パーティクルボード⑦20
- 幅木：塗装下地 OP
- 束
- 際根太

幅木なし（壁：打放し仕上げ）
- RC打放し
- 緩衝材
- フローリング⑦15
- 構造用合板⑦12
- パーティクルボード⑦20
- 際根太
- 束

図45

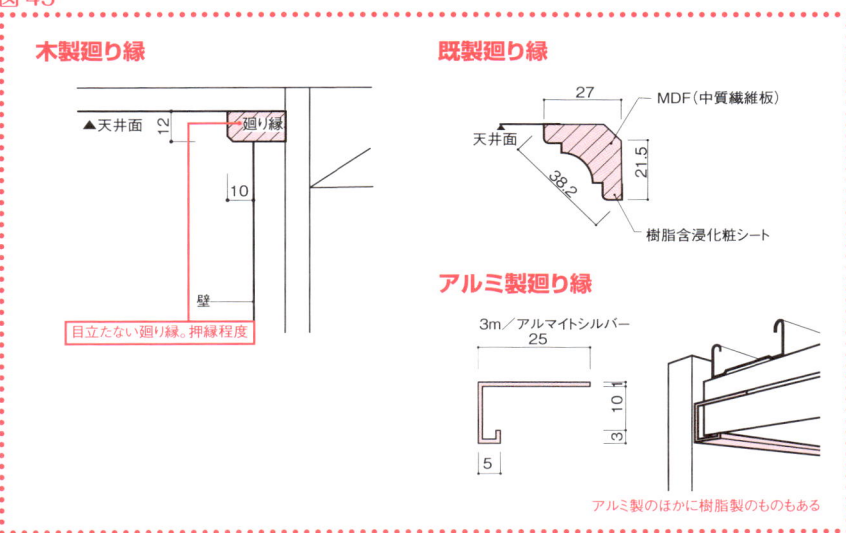

木製廻り縁
- ▲天井面
- 廻り縁
- 壁
- 目立たない廻り縁。押縁程度

既製廻り縁
- 27
- MDF（中質繊維板）
- 天井面
- 21.5
- 38.2
- 樹脂含浸化粧シート

アルミ製廻り縁
- 3m／アルマイトシルバー
- 25
- アルミ製のほかに樹脂製のものもある

3　デザインと性能に配慮した納まり

造付け家具と柱・梁型

造付け家具の基本

　造付け家具は、箱や扉、カウンターを家具工場などであらかじめ製作したものを現場で取り付けるのが基本です。インテリアの重要な部分であり、形状・加工・素材・塗装などの大きなデザイン要素となります。

　ラーメン構造では、柱や梁が室内に現れて目障りになることがありますが、柱型・梁型をそのまま出さないようにするために造付け家具の裏に隠すような事も多々あります。

造付け家具と柱型や梁型の納まり

　造付け家具は、現場が下地までできた段階で採寸して製作に入ります。家具と壁・天井、開口枠に取り合う部分は、15mm程度のクリアランスを見ての制作となります。ただし、家具の甲板は壁仕上げ面に10mm程度のみ込ませる納まりとします。

　このときの甲板上には雑巾摺りを付けることが多く、雑巾摺りは拭き掃除などのときに壁を汚さないなど実用的なものです。飾り棚など見せ場になるところでは付けないこともあります。

　入隅の家具は、引き出しや扉の開閉に支障をきたすことはないか、天井までの家具は、扉の開閉時に設備機器（照明器具・換気扇・自動火災感知器など）に当たらないかに注意が必要です。

　木製建具や板張りの壁と、造付け家具の扉材が隣り合う場合は、家具工事と現場施工の壁や扉と同一材を用いて、木目や色をそろえることもできます（図46）。

　柱型は、壁の位置を柱面にそろえたり、物入や造付け家具の一部として見えなくすることができます（図47）。

　梁型は、さまざまな高さ制限により階高の関係で天井内に納まらないことが多いのですが、造付け家具で見えなくすることも可能です。外部開口部の上部の場合などは、カーテンボックスと一体にして見せることもあります。

> 造付け家具で柱・梁型を隠す工夫が可能です

図46 造り付け家具図の例

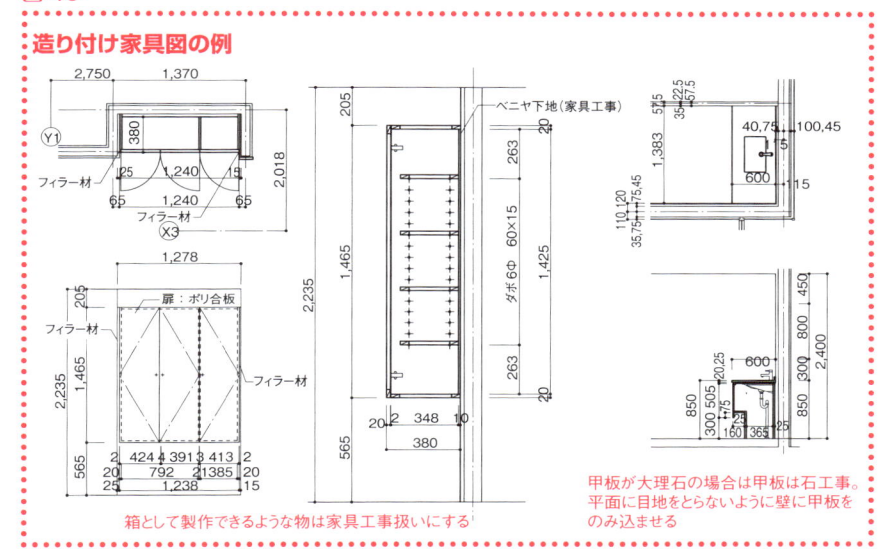

箱として製作できるような物は家具工事扱いにする

甲板が大理石の場合は甲板は石工事。平面に目地をとらないように壁に甲板をのみ込ませる

図47 柱型の見せ方

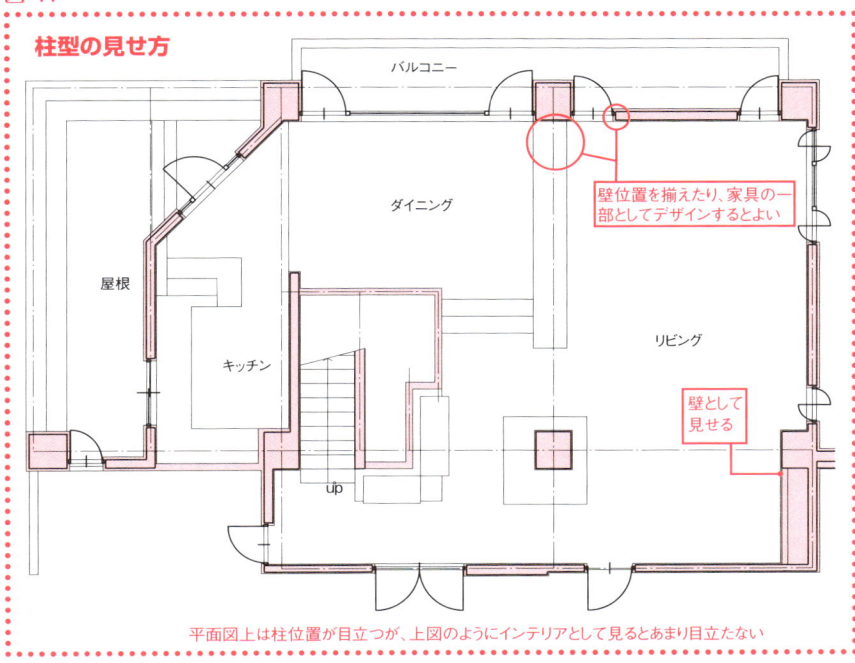

壁位置を揃えたり、家具の一部としてデザインするとよい

壁として見せる

平面図上は柱位置が目立つが、上図のようにインテリアとして見るとあまり目立たない

3 デザインと性能に配慮した納まり

敷居・鴨居の納まり

敷居の納まり

敷居は建具の荷重を受けるうえに上を人が歩いたりするので相応の強度が必要で、床下地材の合板ではなく敷居受材に固定します。敷居の材種は、建具材や床材とのバランスからナラ、ヒノキなどの木材またはステンレスなどの金属を用います。

敷居を木材とした場合、仕上げを合成樹脂塗装とすると歩行により塗膜が剥げるので、塗膜をつくらないオイルステイン系の塗装とするのが望ましいです。

襖や障子などVレールを使わない敷居は溝の幅、深さに決まりがあります。溝にはカシやサクラなどの埋め樫をし、磨耗を防ぐとともに建具の滑りをよくします（図48）。

鴨居の納まり

鴨居は、建具材に合わせたり、ほかの枠材と同じ造作材とします。鴨居の材種は、合成樹脂塗装仕上げ(塗りつぶし)なら、スプルス、ツガ、集成材などを用い、生地仕上げなら多様な材種から選定します。

床のバリアフリー

バリアフリーは先ずは足下からです。床の段差はわずかでも高齢者・身体障害者にとってはつまずきの原因になります。できるだけ床の段差を避けた納まりを考えます。

玄関扉の沓摺では、20mm以下の段差が望ましく、浴室の出入口では扉際に排水溝を設け、水処理をして段差を小さくします。

玄関の上がり框や和室の出入口なども最近は段差をなくす傾向にあります。上がり框は、玄関と玄関ホールとの床仕上げの見切材でもあり、ステンレスフラットバーや大きく面取りした框材を用い、段差をなくしたり小さくする工夫をします（図49）。

安全な床の設計を意識しましょう

図48

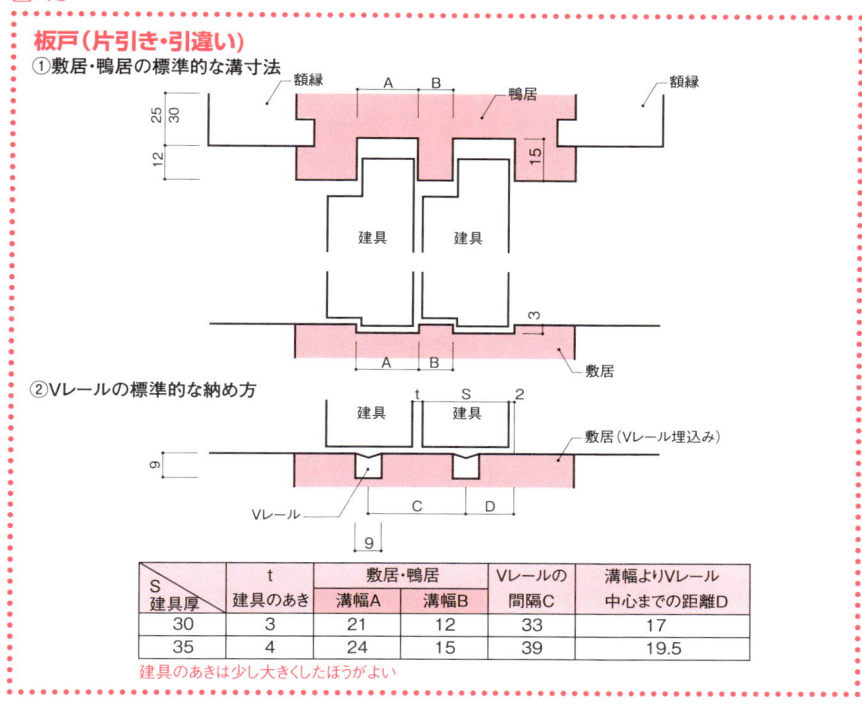

板戸（片引き・引違い）
①敷居・鴨居の標準的な溝寸法

②Vレールの標準的な納め方

S 建具厚	t 建具のあき	敷居・鴨居 溝幅A	敷居・鴨居 溝幅B	Vレールの 間隔C	溝幅よりVレール 中心までの距離D
30	3	21	12	33	17
35	4	24	15	39	19.5

建具のあきは少し大きくしたほうがよい

図49

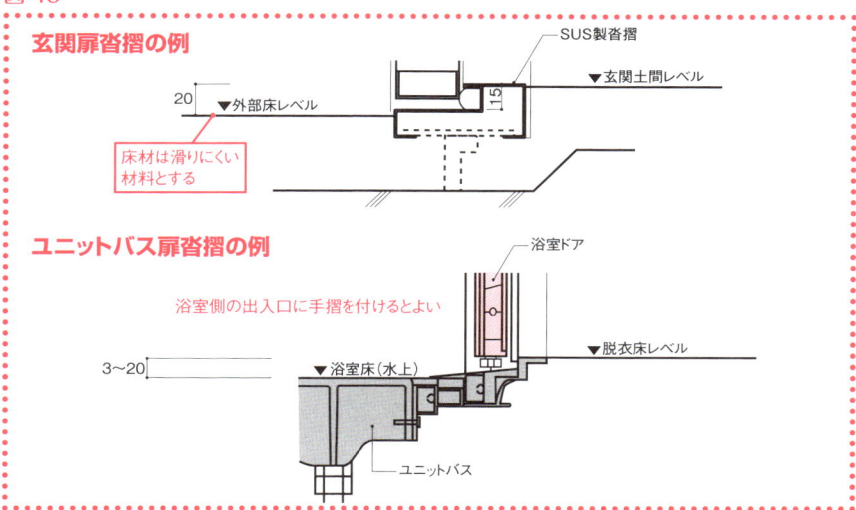

玄関扉沓摺の例

床材は滑りにくい材料とする

ユニットバス扉沓摺の例

浴室側の出入口に手摺を付けるとよい

カーテンボックス・戸袋

カーテンボックスの取り付け

　カーテンボックスの取り付けは、カーテンスタイルを想定して行います。梁型が天井に出る場合などに、梁型を見せないように梁下面を利用してカーテンボックスとすることが多いです。カーテンボックスを付けずにカーテンレールを化粧の木製・金属製のポールとしたり、カーテン地でレール部分をボックス状に見せる方法もあります。

　カーテンボックスは、レールやロールスクリーンの軸部を見せたくないときに設置するので、天井内に埋め込むことも多くあります。納まりをすっきり見せるため、天井材と同一材で仕上げます。クロス仕上げの場合は、全体をクロス仕上げとする場合と、上部面を塗装仕上げとする場合があります。当然、レールを取り付けられるように下地補強も必要となります。梁の寸法や設備のダクトなどのため天井埋め込みができない場合や、クリ型の廻り縁とするときは、天井面から下に出して取り付けます。仕上材は、廻り縁と同じ木製・樹脂製で製作します。

戸袋の造作

　カーテンの代わりに用いる遮光戸や、ガラリ戸などの引込み建具を壁内に納める戸袋は、部屋内側を壁として造作することがあります。後から敷居・レールの調整ができなくなるので、この戸袋部分を扉状に開いたり、取り外しができるようにしておきます。また、遮光戸とする場合、光漏れを嫌い建具と枠のあき寸法を小さくしたりしますが、5mm程度は確保します。建具の重ね寸法を大きくしたり、召し合わせ部分を定規縁として対応します。

　このほか、洗面所・キッチンなどの引戸部分を戸袋にする場合があります。引戸は、壁が必要な部分や建具を見せたくないときなど、壁内に引込み戸袋とするものですが、戸袋内での脱輪などに対応できる工夫が必要です（図50）。

> カーテンボックスの取り付けは、カーテンスタイルを想定して行います

図 50

木製埋込みカーテンボックス(単独)
すっきり見せるため大きくしない

木製埋込みカーテンボックス(枠絡み)
H＝100～120mm程度

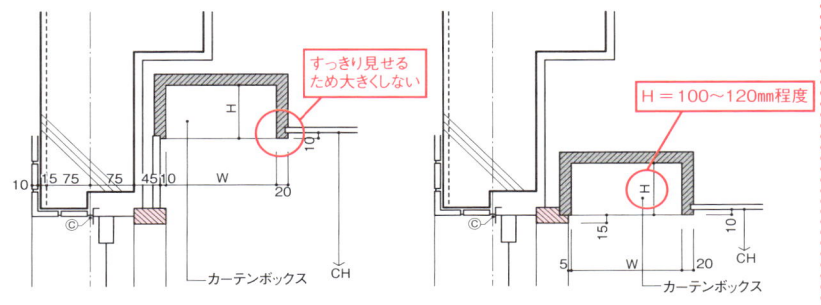

木製カーテンボックス(幕板形状)
Hの前板寸法は小さくしたほうがよい

木製埋込みカーテンボックス(枠絡み)
W＝150～200mm程度

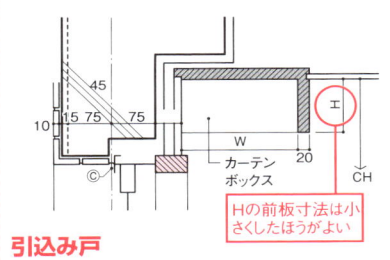

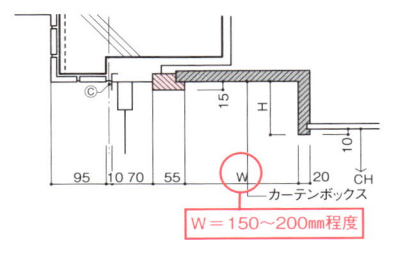

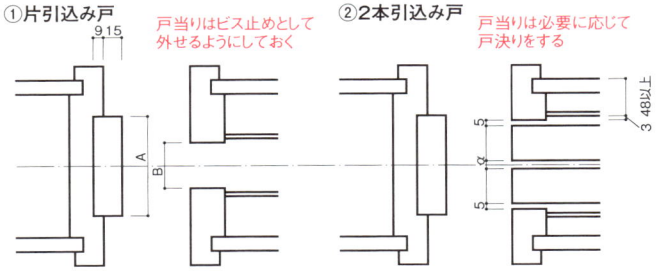

引込み戸

①片引込み戸
戸当りはビス止めとして外せるようにしておく

②2本引込み戸
戸当りは必要に応じて戸決りをする

敷居Vレールを中心から振り分け鴨居の溝を決める

　　厚　　あき
B＝5＋30(35)＋3(4)＋5

建具厚	30	35
あきα	3	4

引込み部寸法表

建具厚	片引込み戸 A	片引込み戸 B	2本引込み戸 B	3本引込み戸 B
30	86	40	73	106
35	86	45	84	123

3 デザインと性能に配慮した納まり

鉄筋コンクリート造の階段

階段の種類

　鉄筋コンクリート造建築物に設ける内部階段は、その構造によって、鉄筋コンクリート造、鉄骨、木製の階段に分類できます。

　デザイン上、軽やかに見せたい場所では鉄骨造とすることも多く、保育園など、子どもが手に触れる場所で柔らかな木素材を用いたい場合などは木造とすることもあります。鉄筋コンクリート造では躯体と一体構造とする鉄筋コンクリート造の階段が多いです。鉄骨階段の場合は、施工方法、搬入方法、搬入時期の検討や振動、歩行音の検討を要します。木製階段は、法規制上、耐火構造が要求される場合には選択できません。

　階段の形式・形状を機能面で大きく分ければ、直階段、折返し階段、螺旋階段の3種です。直階段は鉄砲階段ともよばれ、上下階を一直線につなぐもので、階高の小さい小住宅やリビングなどの吹抜け内に計画します。折返し階段は、中間に踊場を設ける造りで、昇降が容易であり、転落事故が起きにくいため、公共建築物などに多く採用されています。螺旋階段は、芯柱から段板を持ち出したコンパクトなものと、中心側を吹抜けとした形状とが考えられます。

床面・踏面・蹴込みの納まり

　階段の蹴込み・踏面は、躯体のレベル寸法から下地と仕上材の厚さを考慮し調整します。木製の踏板や石仕上げの場合は、躯体から60〜70mm程度の寸法が必要で、すべての仕上材のなかで最も大きいものです。タイルやカーペット、Pタイルなどシート状の仕上材を用いる場合は、躯体から30mm程度の寸法を確保します。

　踏面をコンクリート直仕上げとする場合は、躯体コンクリートでは表面を平滑に施工できないため、表面にモルタルの薄塗りをすることとなります（図51）。

　どの仕上げでも、段鼻をどう納めるかが、デザイン上、安全上のポイントとなります。

> 内部階段は、鉄筋コンクリート造、鉄骨、木製を目的・条件に応じて使い分けます

図51

仕上げ材料による仕上げ代の違い

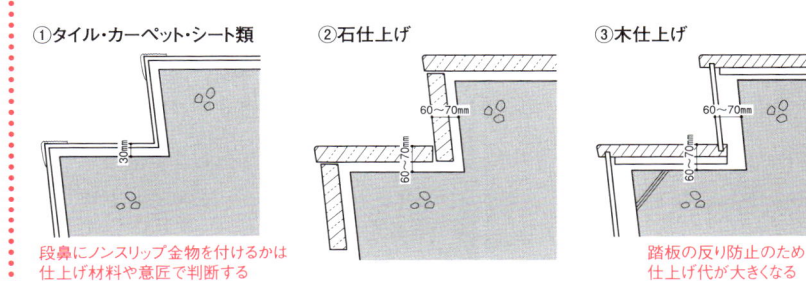

①タイル・カーペット・シート類　②石仕上げ　③木仕上げ

30mm　60〜70mm　60〜70mm　60〜70mm　60〜70mm

段鼻にノンスリップ金物を付けるかは仕上げ材料や意匠で判断する

踏板の反り防止のため仕上げ代が大きくなる

手摺の形状による見え方の違い

①手摺＋手摺子
- 解放感がある
- 手摺がぐらつかない固定方法とする

階段木口の見せ方に注意する

②手摺壁

仕上げの取り合いが①に比べて少ない

手摺の納まり例

強化ガラス自立手摺

取付け金物が入るスペースを確保する

スチールやステンレスのフラットバー

手摺がぐらつかないような部材の大きさや取付け方法を採用する

躯体からブラケットを出しボルト2本で止める

折り返し階段の設計

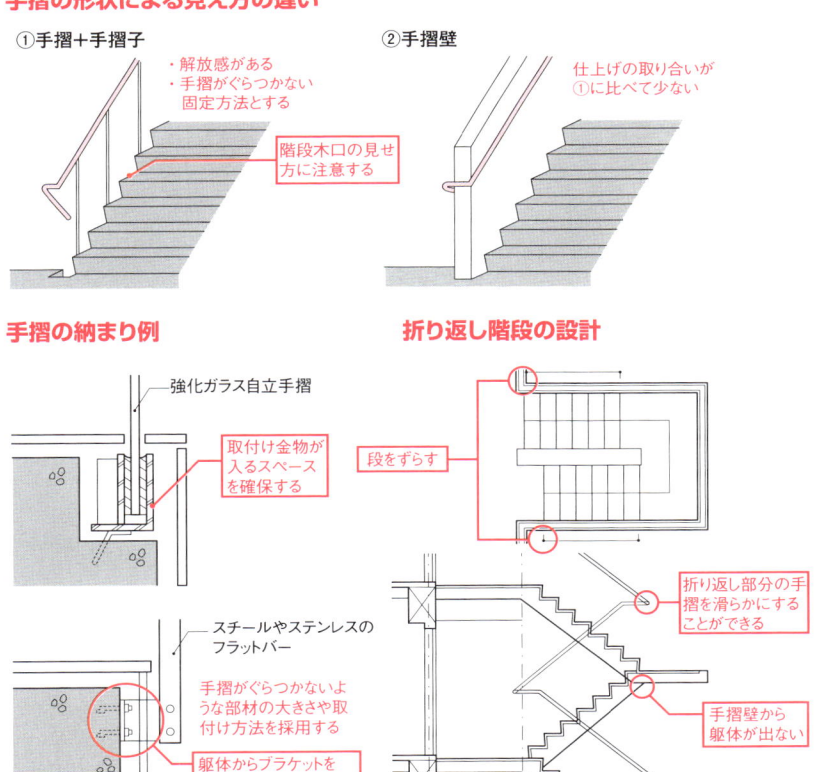

段をずらす

折り返し部分の手摺を滑らかにすることができる

手摺壁から躯体が出ない

3　デザインと性能に配慮した納まり

鉄骨階段の納まり

鉄骨階段の納まりの基本

鉄筋コンクリート建築物内であっても鉄骨階段にすると、空間を広く感じさせたり、階段の下部スペースを有効利用したりできるようになります。

鉄骨階段の納まりの基本事項には、
① 踏面・蹴込みの納まり
② 手摺の納まり
③ ささら桁の形状の検討
④ 上げ裏の見せ方
⑤ 躯体接合部の検討
⑥ 法規制
などがあります。

鉄筋コンクリート建築物内部に鉄骨階段を計画する際に特に重要となるのは、⑤躯体接合部の検討です。

躯体接合部と施工搬入方法

鉄骨階段と鉄筋コンクリート躯体部分との接合部は、十分な強度の固定方法とします。接合部は、直階段、折返し階段であればささら桁と床スラブとの接合部、螺旋階段であれば支柱と床スラブとの接合部で、支柱の柱脚はボルト接合とします。

躯体に固定用のボルトを打ち込む際は、打込みボルトの径・長さ・本数の検討、そして、十分な定着長さと施工精度の確保が重要となります。

躯体接合部をきれいな納まりとするため、取付けプレートや固定部の溶接・ボルトなどを仕上材で覆うようにするのがいいでしょう。また、ささら桁の上階床面からの立上り部の寸法にも注意し、踊場の幅木高さに合わせてささら桁の上部をカットします。

手摺は現場取付けがほとんどで、固定方法の検討を行います。一般的には溶接する場合が多く、養生を十分に行い、周囲の仕上を焼かないよう注意します。ボルト固定の場合は締め直しができる納まりとします。

屋内の鉄骨階段は仕上げに塗装をする場合が多く、そのためのクリアランスと作業スペース（手が入る寸法として約100㎜以上）を確保する必要があります（図52）。

鉄骨階段は躯体接合部の検討が重要です

図52

鉄骨階段の納まりと施工

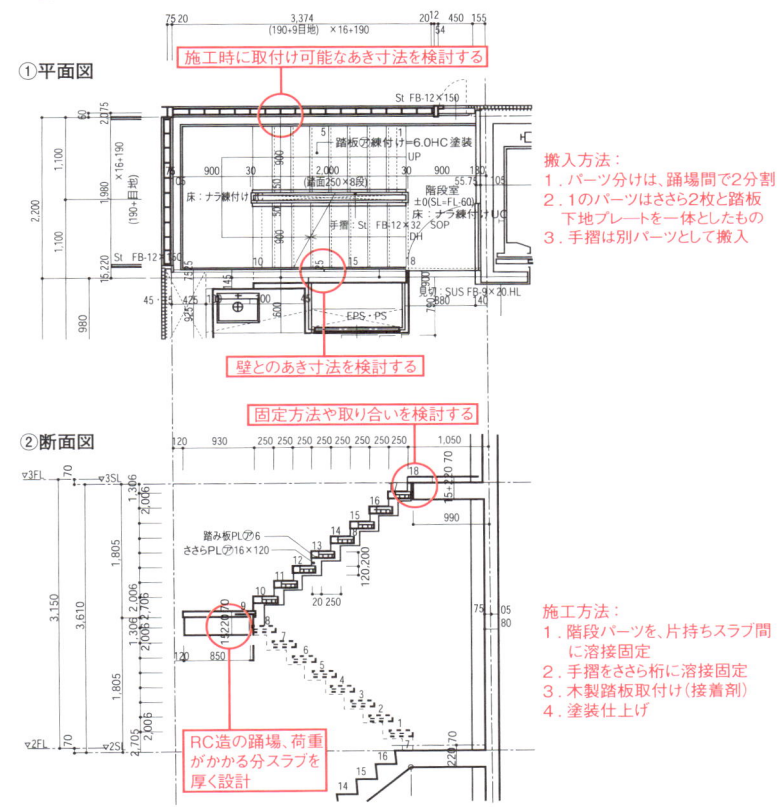

①平面図

施工時に取付け可能なあき寸法を検討する

搬入方法：
1. パーツ分けは、踊場間で2分割
2. 1のパーツはささら2枚と踏板下地プレートを一体としたもの
3. 手摺は別パーツとして搬入

壁とのあき寸法を検討する

②断面図

固定方法や取り合いを検討する

施工方法：
1. 階段パーツを、片持ちスラブ間に溶接固定
2. 手摺をささら桁に溶接固定
3. 木製踏板取付け（接着剤）
4. 塗装仕上げ

RC造の踊場、荷重がかかる分スラブを厚く設計

木材の厚みと鉄材の細さのバランスがよい。壁面をガラスブロックとした周囲の明るさを受けてS造とした意味（軽やかさ）を表現する

3 デザインと性能に配慮した納まり

木製階段の納まり

ここでは、木製階段を設計するうえでの基本事項を解説します。

材質と踏面・蹴込みの納まり

材質には、施工後の変形が少ない集成材、練付け材を使用するのが一般的です。ムク材は裏面に吸付き桟などを施工しても、収縮やくるい、暴れが起こります。

踏面と蹴込みの納まりは、一般的には踏板の厚さを30mm程度にし、段鼻で踏板を延ばし蹴込みを30mm以下とします。機能上あるいは用途上支障がない場合は蹴込みなしのオープンとすることもあります。

手摺・上げ裏・ささら桁

手摺はぐらつかないことが最重要です。手摺子（支柱）が木製、金属製、強化ガラスなどのどれであっても、ささら桁または、踏板に強固に固定します。上げ裏は、ささら桁の面内に天井材を張ることが多いです。蹴込みなしとする場合は、踏板の裏面露しとします。

ささらげ桁の形状の検討

ささら桁の形状は、直階段であれば両側2枚とするのが一般的ですが、段板の下部を1本のささら桁としてデザインし、階段形状に加工して支持することも可能です。ささら桁と躯体の接合部は、接合プレートと後打ちアンカー類で固定します。

躯体接合部の検討・法規制

階段は、建築基準法上の主要構造部です。耐火構造が要求される場合は木製階段はできません。準耐火構造が必要な場合は、告示規定により、ささら桁と踏板の厚さを60mm以上とするか、階段の裏面に石膏ボード張りなどの防火被覆を行うこととなります。

木製階段は、鉄筋コンクリート造の建物の中に、部分的な木造空間を創り出す意図で造られることが多く、特に、住宅用途との相性は抜群です（図53）。

木製階段は材質の選定と手摺の固定が重要です

図53

吸い付き桟

ムク板は変形する → 変形を抑える

変形を抑えるため木表に吸付き桟を叩き込む

踏板 45 / 36 / 9
吸付き桟 45×45程度

一般的な木製階段

上端の面取りは、汚れ防止と握りやすさの効果がある

手摺40×90
手摺子40×80
支柱90

手前は壁で見せる。ささら桁は見せない

手摺、支柱はホゾにして固定するのが基本

幅木高さ　踏板　蹴込み
30／30以下
ささら桁

上げ裏はボードをささら桁の面内に納める

バリアフリーでは、より小さくすることが好ましい（つま先がひっかかってしまうため）

踊り場部分はくつ金物でアンカーを固定する

アンカー

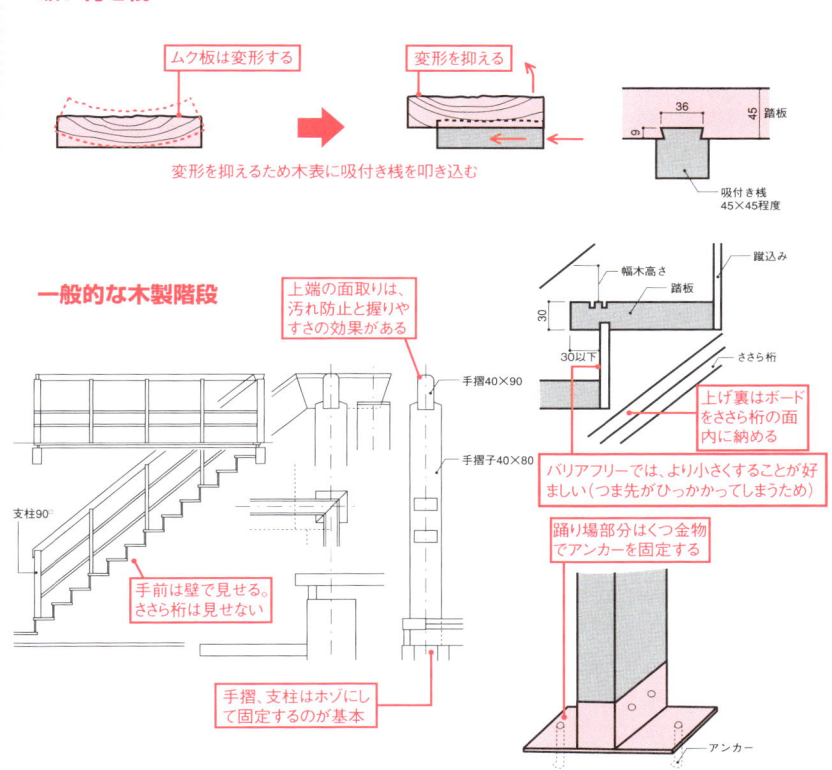

部分的に木造とした例

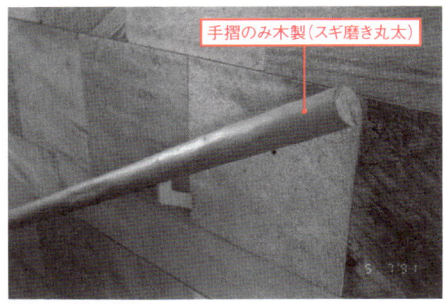

手摺のみ木製（スギ磨き丸太）

階段の木製の手摺

踏板のみ木製

踏板が木製の階段

3 デザインと性能に配慮した納まり

コラム
鉄筋コンクリート外部階段の注意点

安全性の検討
　ここでは共同住宅の外部共用階段を例に、外部鉄筋コンクリート階段の注意点を解説します。
　まず、安全性については、屋外階段には雨天時の滑りやすさ、薄暮時の足元の見えにくさなどの問題があるため、屋内階段以上に配慮が必要です。特にノンスリップは、滑りにくく目立つものにし、段鼻を際立たせましょう。段鼻だけ色彩を変えたり別素材に変えたりするだけでも有効です。また、手摺は手摺・手摺子形状は転落事故につながるため、手摺壁（腰壁）形状とするのがよいでしょう。

排水方法の検討
　鉄筋コンクリート階段は雨ざらしになるため、排水への工夫が重要です。ここでは、歩行者に向かって水が流れ込まないことと踏面に水が溜まらないことが重要で、施工図などで踏面の勾配が十分であるかチェックする必要があります。一般的には、外周面（手摺側）に排水溝を連通させ、踏面を排水溝へ片勾配とし、各階ごとにドレンに集水させます。

防水納まりの検討
　下階に居室がない場合は、防水材混入モルタル下地として仕上げるか、塗膜防水（防滑トップコート仕上げ）を採用するとよいでしょう。ただし、切付け部や排水溝部には防水施工を行います。
　居室が下階にある場合は防水を施します。10年保証が必要となりますが、アルファルト防水などの信頼性の高い工法を用いることが多く、施工に必要な寸法などにより法規制で必要な寸法を確保できなくなるので注意が必要です。

デザインの検討
　共同住宅の外部共用階段のデザイン要素としては、手摺壁、踏面（特に段鼻）の形状と素材などを検討します。ただし、屋外階段を建築の主要なデザイン要素とする場合は、外周部をルーバーなどで覆い、総合的にデザインしている事例なども多く、仕上げ・仕様は多種にわたります。

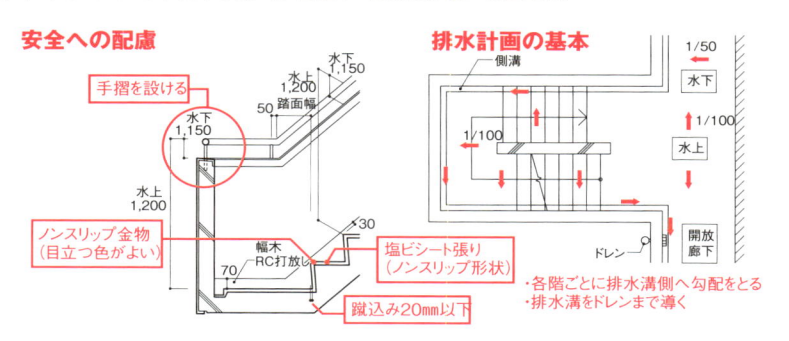

第4章

工事現場で知っておきたいこと

監理の基本

監理者が行うべき5か条

建築士法の中に『この法律で「工事監理」とは、その者の責任において、工事を設計図書と照合し、それが設計図書のとおりに実施されているかいないかを確認することをいう。』という記述があります。具体的に監理者が行わなければならない主な項目は、以下のとおりです。

①施工者が作成する工程計画（工程表）を確認する
②施工者が作成する施工計画（工種別の施工計画書）を確認する
③施工者が作成する施工図（躯体図、サッシ図など）を検討し承認する
④工事の確認（施工プロセスおよび工種別の施工結果の確認）を行う
⑤建物完成の確認を行う

これらの項目は、構造種別による違いはありませんが、項目あたりの業務内容には大きな差があり、鉄筋コンクリート造は木造と比べて工種が多いため、②の施工計画の確認や③の施工図の承認は、かなりの手間がかかります。

手際よい確認が必要な施工図

②の施工計画の確認では、共通仕様書などの適用図書と整合されているか、施工精度などの要求事項が明確になっているか、要求品質を達成するための具体的な施工計画になっているかなどの確認を行う必要があり、一般論ではなくその現場に特有の条件を取り入れたものでなくてはなりません。

④の工事の確認は別項目で詳しく述べますが、設計図書との整合性が取れているか、設計図書に分散して盛り込まれている設計上の要求が集約されているか、関連する工事との関係が明確になっているか、などを確認する必要があります。また、施工図の承認のタイミングは工事の工程計画に大きく影響するため、遅滞なく承認しなければなりません（図54）。

監理者は手際よい確認が必要です

図54

監理の主なチェックポイント

整理(確認)業務の流れ	施工管理者の作成書類	監理者のチェックポイント
①工程計画の確認	工程表	①品質が確保できる適切な工程か
		②施工した品質を確認できる工程か
		③施工図の承認工程は明確か
		④材料・機器等の承認工程は明確か
②施工計画の確認	総合施工計画書 工種別施工計画書	①適用図書（設計図書、各仕様書など）と整合されているか
		②要求品質（精度等の管理項目）が明確になっているか
		③要求品質を達成するための具体的な施工計画になっているか
		④品質を確認するための方法が明確か
		⑤該当物件特有の条件を考慮しているか
③施工図の承認	躯体図 工種別施工図 各所詳細図	①設計図書との整合性がとれているか
		②設計図書に分散して盛り込まれている設計上の要求が集約されているか
		③関連する工事との関係が明確になっているか
④工事の確認	工事報告書 自主検査報告書	①検査の目的が明確か
		②検査・試験方法が明確か
		③合否の判定基準が明確か
		④不具合があった場合の改善方法が明確になっているか
		⑤品質に関する記録が維持管理されているか

竣工検査チェックリストの例

設計竣工検査記録の例

チェックリストや検査記録を活用し、検査の抜け落ちを防ぐ

4　工事現場で知っておきたいこと

鉄筋コンクリート造工事の流れ

鉄筋コンクリート造の作業手順

鉄筋コンクリート造工事は、木造や鉄骨造と異なり、現場で躯体(くたい)をつくり上げることが主となります。鉄筋コンクリート造の躯体工事は柱・壁・梁(はり)・スラブの順に鉄筋を組んでいき、同時に型枠(かたわく)を建込み、コンクリートを打設(だせつ)します。この後、型枠を解体し、躯体が完成した後、仕上げ工事に入ります。

具体的な工事の流れ

この工事の流れに沿って施工図の承認、施工計画書・要領書の承認、材料の受入れ検査の立ち会いや確認、施工後の確認などが行われます。ここでは全体的な流れを解説します(図55)。

①**施工図の承認**:施工管理者は設計図書から各工事の施工図を作成します。監理(かんり)者はこれらを確認し承認します。

②**施工計画書・要領書の承認**:施工管理者は工事ごとに立案した施工計画をまとめ、専門工事業者はそれに基づき施工要領書を作成します。ここでは施工図を具現化する具体的な作業計画・作業手順の確認と承認を行いますが、よく協議し双方の合意をとることになります。

③**受入れ検査**:工事の流れに沿って、鉄筋材料→型枠材料→生コン→各仕上材と受入れ検査を行います。なるべく検査に立ち会うか、施工管理者が作成した記録をもとに工事を確認します。

④**工程内検査**:事前に計画した各工事の工程上のポイントで検査を行いますが、特に鉄筋工事では、コンクリート打設前に配筋(はいきん)検査を行います。また、防水・設備工事など施工後、隠れてしまうものは施工管理者が作成したプロセス管理の記録を確認します。

⑤**施工結果の確認(合否の判定)**:各工事ごとに要求品質が達成されたかどうか、施工計画書・要領書に記された方法で確認し合否の判定を行います。

また竣工(しゅんこう)時には、建物全体の最終検査も行います。

> 監理者は各工事で各種の承認作業や、現場立ち会い、施工後の確認を確実に行います

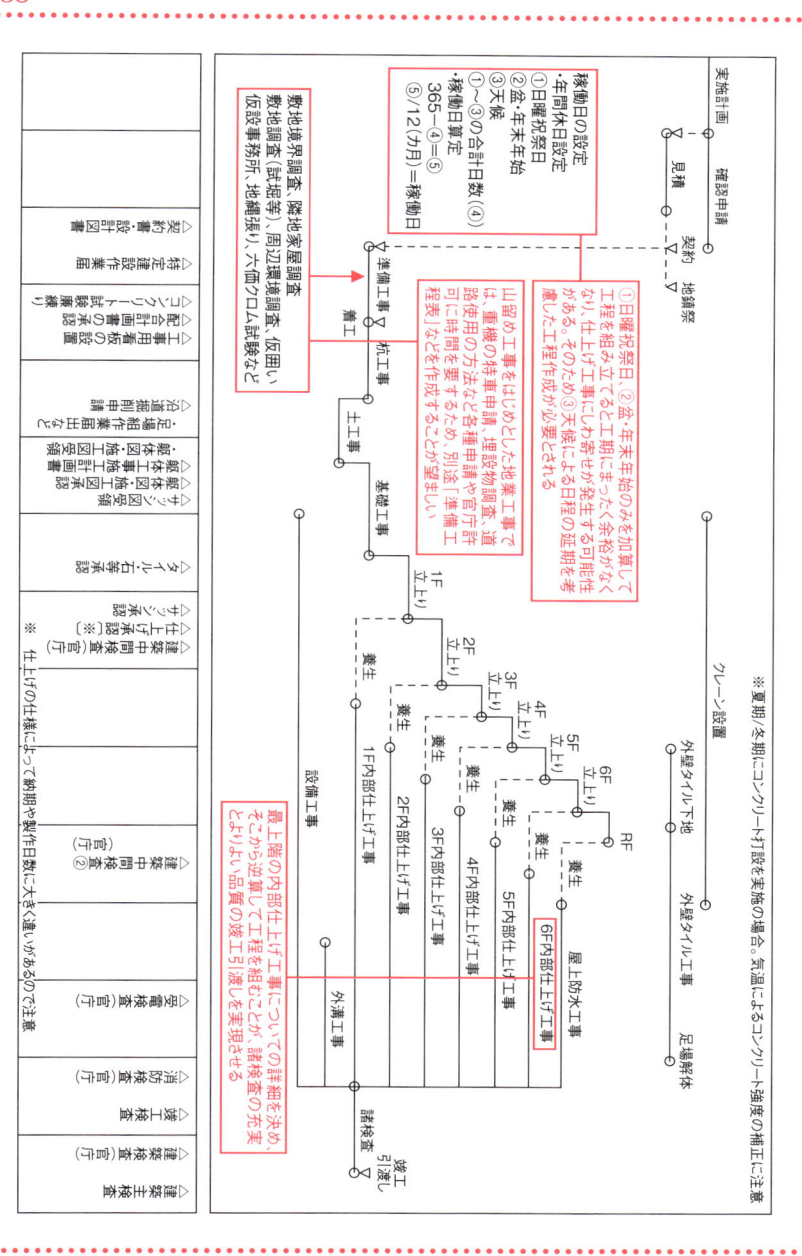

4 工事現場で知っておきたいこと

図55

実施計画

見積 → 契約 → 地鎮祭 → 確認申請 → 準備工事 → 着工 → 土工事 → 基礎工事 → 杭工事 → 1F立上り → 2F立上り → 3F立上り → 4F立上り → 5F立上り → RF → 養生 → 屋上防水工事 → 6F内部仕上工事 → 5F内部仕上工事 → 4F内部仕上げ工事 → 3F内部仕上げ工事 → 2F内部仕上げ工事 → 1F内部仕上げ工事 → 外構工事 → 諸検査 → 竣工引渡し

クレーン設置 → 外壁タイル下地 → 外壁タイル工事 → 足場解体

設備工事

稼働日の設定
・年間休日設定
  ①日曜祝祭日
  ②盆・年末年始
  ③天候
・稼働日算定
  ①~③の合計日数(4)
  365−(4)=5
  5/12(カ月)=稼働日

稼働日の設定 ①日曜祝祭日、②盆・年末年始のみを加味して工程を組み立てると工期にまったく余裕がなく、仕上げ工事にしわ寄せが発生する可能性がある。そのため③天候による日程の延期を考慮した工程作成が必要とされる

[①認の工事をはじめとした杭基工事は、着工申請、埋設建設物の調査、道路使用の方法など各種申請や官庁許認可に時間を要することから、別途「準備工程表」などを作成することが望ましい

※夏期/冬期にコンクリート打設を実施の場合、気温によるコンクリート強度の補正に注意

最上階の内部仕上げ工事についての詳細を決め、そこから逆算して工程を組むことが、諸検査の充実とよりよい品質の建物引渡しを実現させる

敷地境界調査、隣地家屋調査、計画道路調査、周辺道路調査、仮設事務所、地縄張り、六面クロス試験など

△契約書	△工事施工計画書	△施工図・躯体図・仕上図	△サイコロ・タイル等承認
△特記設計図	△会議用議事録	△通関届	
△設計図書	△工事用看板	△施工要領書	△施工図・仕上図・受電承認
	△試験機器の設置	△圧受諾書	
		消防検査(官庁)	
		建築検査(官庁②)	
		竣工検査	
		建築検査	

※ 仕上げの仕様によって納期や製作日数に大きく違いがあるので注意

施工計画書・施工要領書

施工計画書・要領書の重要性

　施工管理者は、工事を運営していくうえで、品質・工期・安全などを含めた施工計画を立案し形にまとめます。これが施工計画書であり、専門工事会社に情報を伝達することを目的とするものです。次に、これをもとに専門工事会社が、具体的な作業手順を記載したものを施工要領書といい、この2つを混同しないように注意する必要があります。監理者はこれら（特に施工計画書）を確認・承認しますが、これは設計の品質を確保するうえで非常に重要な作業となります。

正しい施工計画書・要領書とは

　工事の難易度や規模にもよりますが、一般的に鉄筋コンクリート造の施工計画書・施工要領書としては、山留め・杭・鉄筋・型枠・コンクリート・防水・シーリング・金属製建具・木製建具・各種仕上げなどの各工事について作成します。

　施工計画書では、
①設計仕様が正確に反映されているか
②要求品質が明確になっているか
③要求品質が達成できたか
などを確認します。

　ただしこれらの品質の基準となる目標値を定めるのは難しく、施工管理者の経験によるところが大きいと言えます。監理者はなるべく管理項目を明らかにし、目標を数字で表すようにしたいものです。

　施工要領書では、施工計画書に記された工期や仮設などの機資材などの施工条件のもとで、どのような作業をどのような手順で行うか、が具体的になっていることが求められます。

　重要なのは施工計画書・施工要領書ともに監理者・施工管理者・専門工事会社の意思が統一されていることが重要です。また、一般論ではなく、その工事特有の条件を反映したものを工事開始前に余裕を持って作成してあることが望ましく、決して形だけのものであってはならないものです（図56）。

> 工事特有の条件を反映した施工計画書・施工要領書を作成します

図56

施工計画書・施工要領書

①施工計画書の内容例

```
          シーリング工事施工計画書

                           （株）○○建設

1. 一般事項
   1-1. 基本要求品質
   1-2. 適用図書
2. 工事概要
3. 管理体制
4. 工程表
5. 品質計画
   5-1. 品質計画（材料、工法）
   5-2. 品質管理方法（材料、工法）
6. 安全計画
```

↓

基本的に施工計画書は施工者（ゼネコン）が作成するもので、全体の工事の中から一工事を抜き取り、工事ごとの施工の基本的な方針をまとめたものであり、具体的な作業方法までは記載されていない

②施工要領書の内容例

```
          シーリング工事施工要領書

                         （有）△△シール工業

1. 工事概要
2. 施工体制
3. 使用材料
4. 副資材など
5. 施工仕様
   5-1. 施工範囲
   5-2. 施工手順
6. 片付け、養生計画
7. 安全管理
```

↓

施工要領書は専門工事業者（サブコン）が施工計画書を受けて作成するもので、具体的な施工の手順が記載されている。イラストなども用いなるべくわかりやすいかたちが望ましい

実際は両者の使い分けがうまくできていない（施工計画書と施工要領書が兼用になっているなど）のが現状ではあるが、責任分担を明確化するうえでも切り離しておのおのが作成することが望ましい

施工図の種類と役割

施工図の作成・検討

施工図は工事を円滑に進めるために施工管理者が作成するもので、監理者は施工図を設計図書との整合性が取れているか、設計上の要求が集約されているか、関連工事との関係が明確かを十分検討・確認のうえ承認します。

施工図の作成・検討は設計図書の各部に散らばっている情報を横断的に取りまとめ、集約していく作業ともいえます。

施工図の種類

施工図の種類は多岐に渡ります。
① 設計地盤の設定、建物位置を確認する敷地現況図、建物配置図
② 工事を安全に効率的に進めるための仮設計画図、山留図、根切り計画図
③ 建物の形を決定する躯体図（杭伏せ、基礎伏せ、各階躯体、階段、打放しの場合のベニヤ割付け図）
④ 製作物のサッシ図、金物図（手摺、飾金物、階段ほか）
⑤ 外装仕上げを表す仕上図（石、タイル、パネルなどの割付け図）
⑥ 内装仕上げを表す平面詳細図、木工事図、内装図（間仕切り、天井伏せ）、家具図、木製建具図、キッチン図
⑦ 建築に付帯する設備の配置を記した電気設備図、給排水衛生設備図、換気空調設備図、ELV設備図
⑧ 造園を絡めた敷地全体の外構図

また、重要な部分を表す各詳細図（浴室、飾り物、石、タイル割り、各部分の納まり詳細）や、電気・設備と建築を含めた総合プロット図（スイッチ、コンセント、センサー、吹出し口、点検口などを表す）なども必要に合わせて必要になります。

これらの施工図は、施工管理者より、工程に合わせて速やかに提出させる必要がありますが、たとえば製作物などは、納期に非常に時間がかかるものもありますので、その承認時期については各工事会社に十分確認しておく必要があります（図57）。

> 施工図は工期に影響が出ないように、工程や承認時期に合わせて作成されます

図 57

仮設計画図

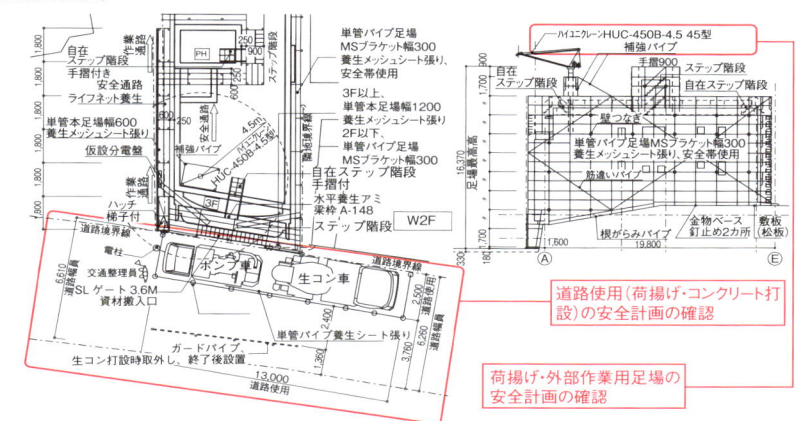

道路使用(荷揚げ・コンクリート打設)の安全計画の確認

荷揚げ・外部作業用足場の安全計画の確認

平面詳細図

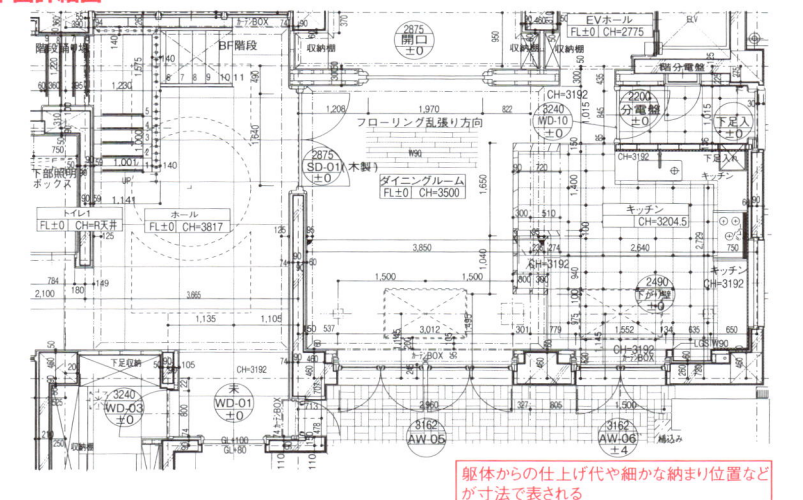

躯体からの仕上げ代や細かな納まり位置などが寸法で表される

設備空調・換気図

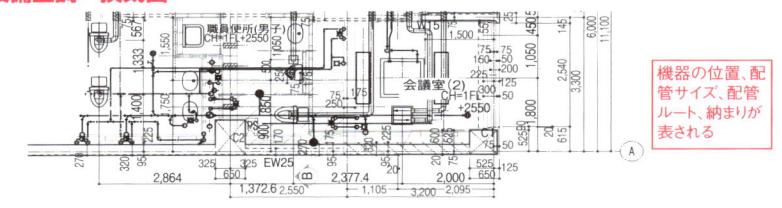

機器の位置、配管サイズ、配管ルート、納まりが表される

躯体図

躯体図のチェックポイント

躯体図のチェックは、意匠図と構造図を照合し確認します。まず、通り芯方向（例X通り、Y通りなど）の基本通り芯の各スパン寸法が正確に記されているか確認し、通り芯からの各間仕切壁芯寸法確認と進み、意匠図と構造図を参考に通り芯、壁芯からの壁厚みの振分け寸法を確認・決定します。

次に構造図をもとに各柱の位置や柱記号で記されている柱断面寸法を読み取り（注・構造柱にもX、Yの方向性があり、柱配筋の主筋本数が違う場合もあるので注意）、躯体図の柱位置・記号を確認しながら、通り芯・壁芯からの振分け寸法と柱の断面寸法を確認し決定します。柱は、建物の主要構造体で基礎から最上階まで打ち継がれ、一番重要な確認事項となります。書込み寸法や記号は、必ず記入されていることを確認します。

躯体断面図では、設計図面のGL・FLの設定寸法（基礎、1階の施工図で）が間違いなく躯体寸法に反映されているかが一番の重要点（最高高さ、日影、斜線などに絡む）となります。FL位置から仕上げ代を検討しSLラインを決めますが、このとき各部分を十分に検討確認し決定します。基本のFLとSLとの関係が設定されれば、各階の階高寸法の確認を行います。

梁・床廻りの施工図

意匠図と構造図の照合を行い。柱廻りのチェックと同様に意匠図と構造図の照合から始めるます。

躯体平面図は、見下げ面（腰から下部分）、見上げ面（腰から上部分）で描かれ、各種の記号（躯体図表現記号）を使用して表されています。記号は、柱・壁・梁・スラブ・開口部のほか、ハンチで段差・フカシなどを表しています。1枚の図面で、フロア全体が立体的になるように表現されているため、上階を頭に入れて検討します（図58）。

> 躯体図は断面寸法や壁芯の振り分けを十分確認しながらチェックしましょう

図58

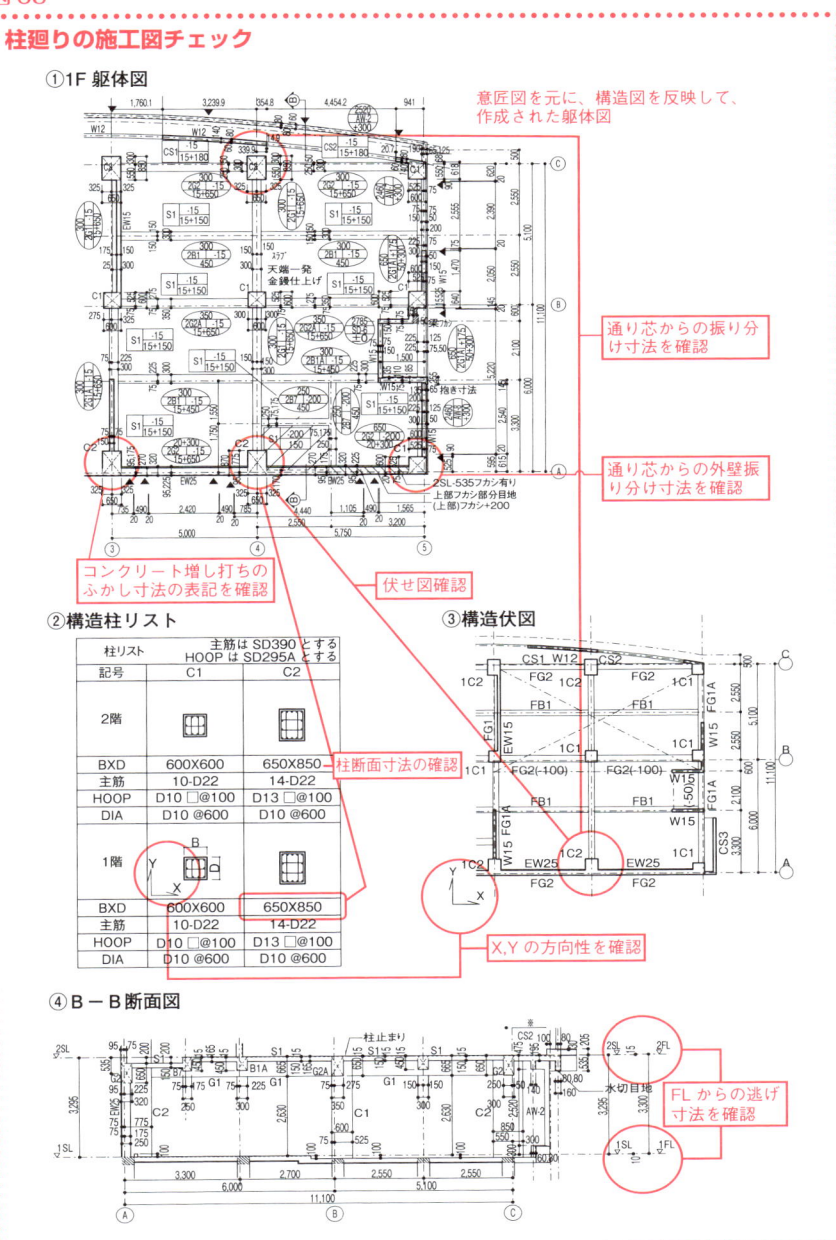

柱廻りの施工図チェック

①1F 躯体図

意匠図を元に、構造図を反映して、作成された躯体図

通り芯からの振り分け寸法を確認

通り芯からの外壁振り分け寸法を確認

コンクリート増し打ちのふかし寸法の表記を確認

伏せ図確認

②構造柱リスト

主筋は SD390 とする
HOOP は SD295A とする

柱リスト		
記号	C1	C2
2階	☐	☐
BXD	600X600	650X850
主筋	10-D22	14-D22
HOOP	D10 ☐@100	D13 ☐@100
DIA	D10 @600	D10 @600
1階	☐	☐
BXD	600X600	650X850
主筋	10-D22	14-D22
HOOP	D10 ☐@100	D13 ☐@100
DIA	D10 @600	D10 @600

柱断面寸法の確認

③構造伏図

X,Y の方向性を確認

④B－B断面図

FL からの逃げ寸法を確認

4 工事現場で知っておきたいこと

躯体工事の職方

鉄筋・型枠工事の職方

　鉄筋コンクリート造の躯体工事では、鉄筋工事、型枠工事、コンクリート工事、またこれら3つの工事に全般的に関わる給排水衛生工事、電気設備工事が中心となります。ここでは知っておくべき職方たちと作業内容を紹介します（図59）。

　まず、鉄筋工事では鉄筋工が加工場において施工図や鉄筋加工図に基づく加工（切断や曲げ）を行います。次にそれらを現場に持ち込み、組立作業を行いますが、適正な位置に正しく配筋し、コンクリートを打設しても動かないようにしっかりと固定します。鉄筋の継手においては、ガス圧接が行われることがあり、この場合、圧接工が作業を行います。

　型枠工事でも型枠大工が加工場において施工図に基づき加工を行い、それらを現場に持ち込み、組立を行います。組立工事は精度の確保が重要となります。

　設備電気工事は、設備や電気の配管やボックス、スリーブ、吊金物などの鉄筋や型枠への固定を行うもので、これは電気工・設備工が行います。これら型枠・鉄筋・電気設備工事は、並行して作業が行われます。

コンクリート工事の職方

　コンクリート工事ではコンクリートをいかに隅々まで密実に締め固めるかが要求されます。

　まず圧送工がポンプ車（一般的にはブーム付ポンプ車）を使用しコンクリートを生コン車から床や梁などの打設地点まで圧送し筒先の移動も行います。

　締固め作業は土工が行いますが、通常スラブ上にバイブレーター係、壁の内外に壁の叩き係を配置します。壁の打設時には突き棒を使用することもあります。

　打設時には大工や鉄筋工、電気工や設備工が不測の事態に備えて立ち会っています。床などのコンクリートの表面は、左官工が木ゴテや鏝で平滑にする作業を行います。

> 工事にどのような職方が関わり、どのような作業を行うかを理解しましょう

図 59

型枠工事→大工

壁型枠組立て

型枠スラブ組上げ

鉄筋工事→鉄筋工・圧接工

鉄筋の振り分け

梁配筋＋スラブ配筋

配管配線→設備工・電気工

給排水衛生設備配管（埋込み）

電気設備配管（埋込み）

コンクリート打設工事→土工・圧送工・左官＋（大工・設備工・電気工）

コンクリート打設工事

打設工事終了直前の様子

コラム

総合図の考え方

総合図とは何か

　建築物の完成までには工事を進めていくうえで多くの専門工事会社が入り混じり、それらは躯体工事から竣工前まで及びます。建築工事を完成させるためには、意匠・構造・設備・建築施工図（躯体図、仕上図、スリーブ図など）に要求される情報をまとめ、それぞれの相互関係、絡みを調整する必要があります。このそれぞれの図面に必要とされる情報を一堂に介し、1枚の図面に集約させたものを総合図と呼びます。

　建築、電気器具、空調機器、給排水衛生設備の全要素が表現されるようにし、各場所での展開図（天井見上げ図も含む）と併せて見られるようにします。

総合図で品質が向上する

　これにより、施工現場での各工事会社の理解度も高められ、手戻りや手直しを防ぎ、工事を効果的に進められます。仕上げ工事ではタイルや石の割付けなどがあるため、電気のコンセントやスイッチプレート・照明器具などの電気機器や浴室・トイレのような水廻りでのシャワーや蛇口など給排水設備の配管やアクセサリー関係の位置を割り出すなど意匠的な活用に期待できます。特に後の変更による補修が目立つコンクリート打ち放し部廻りでは必要不可欠になります（ピーコンの位置やパネル割との関係性）。

　このように総合図を作成し、利用することで設計者、建て主、施行管理者の意思疎通を図ることも可能となり、品質がよく、使い勝手のよい仕上りを可能とし、引渡し後の維持・メンテナンスにも必要不可欠な情報源となります。

　ただし、今現在この総合図の作成は、設計者が作成するか施工管理者が作成するか明確にされてはいません。本来であれば、設計者・施工管理者・専門工事会社が一堂に会し、打ち合わせを繰り返し行い、最終的には設計者がまとめることが望ましいといえます。

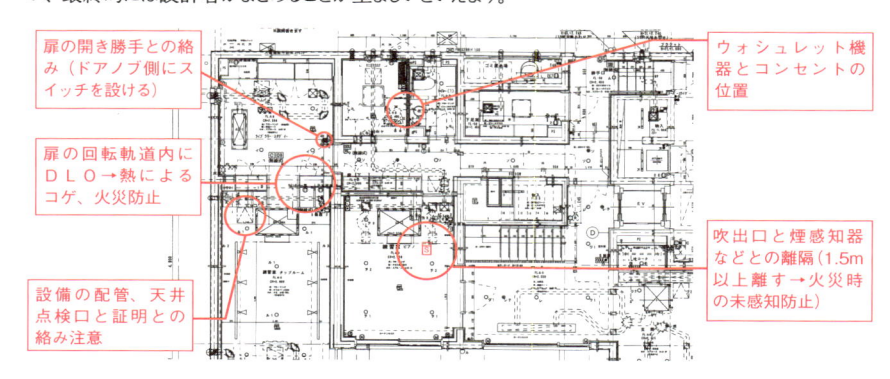

- 扉の開き勝手との絡み（ドアノブ側にスイッチを設ける）
- 扉の回転軌道内にDLO→熱によるコゲ、火災防止
- 設備の配管、天井点検口と証明との絡み注意
- ウォシュレット機器とコンセントの位置
- 吹出口と煙感知器などとの離隔（1.5m以上離す→火災時の未感知防止）

第5章

施工の流れと現場で見るべきポイント

杭工事

重機のための地盤補強？

　杭工事で使用される重機は一般に大型のものが多く、敷地の地盤が軟弱で重機の転倒が心配される場合は、地盤の表層部を地盤改良して補強しなければなりません。地盤改良の要否は、重機荷重による接地圧（地面と接する部分の荷重）と地盤の強度を比較して決定します。接地圧が地盤強度を上回るときは補強をすることとなりますが、この場合は接地圧が分散することによって地盤の強度以下となる深さまで改良します。

杭工事の現場の確認事項

　杭の施工に先立って、杭の施工手順や方法などを施工計画書・施工要領書などで確認しておきます。特に大臣認定工法の場合は、認定された施工内容を遵守して施工しなければならないので、十分内容を把握しておく必要があります。

　また、試験杭（最初に施工する杭）の施工には必ず立ち会って、使用材料・施工状況・支持層などを確認します。さらに、杭の施工方法に問題がないかを確かめ、問題があれば施工管理者・専門工事会社と施工方法を協議します。

　杭工事が完了した後は、杭1本ごとの施工状況を記録した杭工事施工結果報告書の提出を受け、施工が適切に行われたかを確認します。

　また、根切り工事終了後は現場に赴き、杭の位置ずれ・高止まり・低止まりや、杭に損傷やコンクリート未充填個所がないかなどを確かめ、必要に応じて補強方法を指示します。

　一般に杭心が100㎜以上ずれている場合は基礎の偏心補強を行う事となります。

　杭工事では時として、地中障害物をはじめとするさまざまな要因により工事中断を余儀なくされることがあります。必要な調査を確実に行い、起こりうる現象を想定し、対策を十分検討しておき、トラブルに直面したときにすぐさま対処できるようにしておきます（図60）。

トラブルへの対処には、事前の調査・想定・対策検討が必要です

図60

地盤改良深さの決定

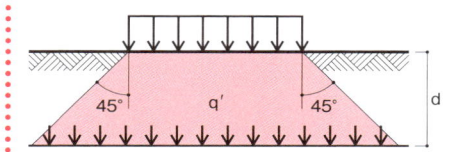

深さdの部分の垂直応力は、45°の角度で広げた受圧面積でq除したもので推定する。
改良深さdが大きいほどq'は小さくなる。
q'≦qa（地盤の許容支持力度）
となる深さまで改良する必要がある

アースドリル工法の施工順序

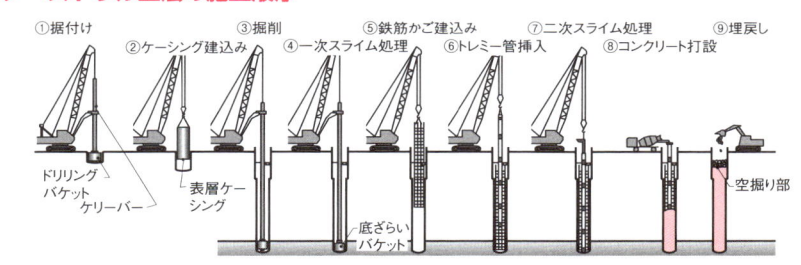

①据付け ②ケーシング建込み ③掘削 ④一次スライム処理 ⑤鉄筋かご建込み ⑥トレミー管挿入 ⑦二次スライム処理 ⑧コンクリート打設 ⑨埋戻し

ドリリングバケット　ケリーバー　表層ケーシング　底ざらいバケット　空掘り部

プレボーリング工法（セメントミルク工法）の施工順序

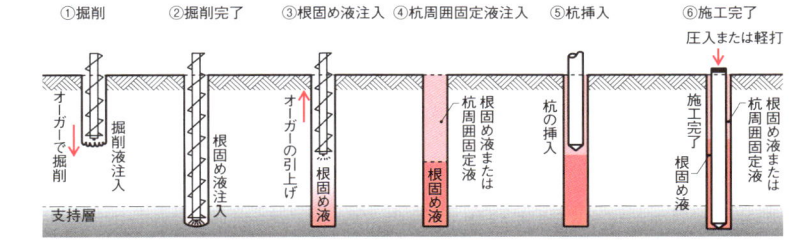

①掘削 ②掘削完了 ③根固め液注入 ④杭周囲固定液注入 ⑤杭挿入 ⑥施工完了
　　　　　　　　　　　　　　　　　　　　　　　　　　　　　圧入または軽打

オーガーで掘削　掘削液注入　根固め液注入　オーガーの引上げ　根固め液または杭周囲固定液　杭の挿入　施工完了　根固め液または杭周囲固定液　根固め液

支持層

杭工事に伴う調査事項

調査項目	内　　容
地盤調査	①表層・中間層・支持層の土質とその深度・層厚、礫や玉石の有無とその大きさ
	②地下水位、被圧地下水の有無、その水頭深度、伏流水の有無
	③酸欠、有害・有毒ガスの有無など
	①～③の検討の際には、近隣の施工実績も併せて考慮する
敷地内外の状況	①現場の広さと形状および隣接構造物との関係
	②地上および地中の障害物（既存杭ほか）の状況
	③当該敷地の造成に用いられた材料の性質
	④敷地が工場用地に使用されていた場合の地中に浸透した物質の有無とその性質
	⑤機械・資材の搬入・搬出経路の確認
	⑥近隣への影響、安全・公害対策

根切りと山留め工事

根切り作業時の注意点

　建物の基礎・地下躯体を構築するため地盤を掘削する作業を、根切りといいます。根切り作業は、その進行に伴い周辺に影響を与える危険性が高まります。特に軟弱地盤や地下水位が高い砂質地盤では、その地盤に特有な現象が発生しやすいものです。

　根切り工事においては、地盤の種類によって量の違いはありますが、多くの場合地下水が湧出します（図61）。

　地下水を処理する方法としては、釜場工法・ディープウェル工法・ウェルポイント工法などが一般的ですが、地下水を多量に汲み上げると周辺地盤の沈下や井戸枯れなどが起きる危険性があるので、採用にあたっては慎重を期す必要があります。

床付け作業時の注意点

　根切りが進むと最終的に所定のレベルで掘削面を仕上げますが、この作業を床付けといいます。建物が直接基礎の場合は、床付け作業に先立ち、平板載荷試験を行って床付け面の地盤の強度を確かめます。

　杭基礎の建物では、根切り時に掘削重機などにより杭体が損傷してないかなどを確認します。根切り工事において発生する事故は大事故となりやすく、近隣を巻き込む可能性が高いで十分注意します。

山留めの選択の基準

　山留めとは、建物の基礎・地下躯体を構築するために地盤を掘削するときに、周辺地盤の崩壊を防止し、地下工事の作業空間を確保することをいいます。またはそれを目的として設けられる構造部材の総称でもあります。構造体としての山留めは、土圧や水圧などの側圧荷重を直接受ける山留め壁と、それを支える腹起し・切梁・火打ちなどの支保工で構成されます。また、山留めは仮設材なので、性能や諸条件に加えて何より安価でなくてはなりません（図62）。

> 根切り工事は地盤沈下や井戸枯れに注意して行います

図61

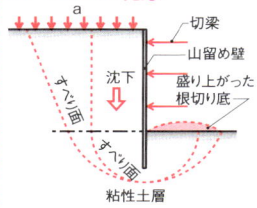

ヒービング現象
- 切梁
- 山留め壁
- 沈下
- 盛り上がった根切り底
- すべり面
- 粘性土層

地盤の回り込み現象。粘性土地盤で起きる

ボイリング現象
- 止水壁

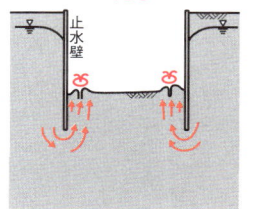

水流によって砂粒子が浮遊し地盤が破壊する

盤膨れ現象
- 不透水層
- 盤膨れ
- 被圧帯水層

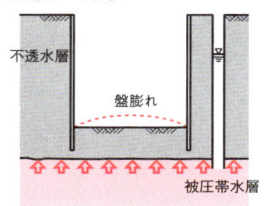

土被り圧より被圧地下水の揚圧力が大きいと根切り底面がもち上がる

図62

鋼製支保工による架構概念図

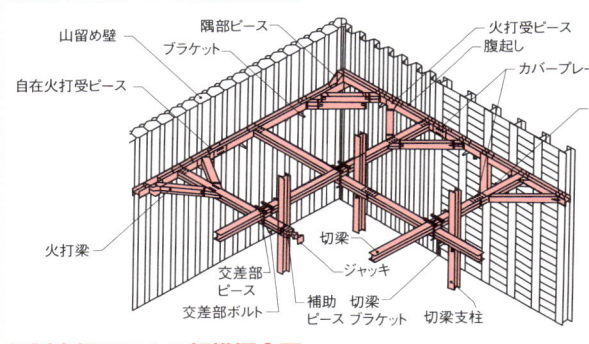

- 山留め壁
- 隅部ピース
- ブラケット
- 自在火打受ピース
- 火打受ピース
- 腹起し
- カバープレート
- 火打ブロック
- 火打梁
- 切梁
- ジャッキ
- 交差部ピース
- 交差部ボルト
- 補助ピース
- 切梁ブラケット
- 切梁支柱

支保工の高さは山留め壁の自立高さや施工性(掘削重機が支保工の下を通行できるかなど)を考慮のうえ決定する

鋼製支保工による架構概念図

壁の種類と概念図		概要と特徴	適用性と留意事項
透水壁	親杭横矢板壁	・H形鋼などの親杭を一定の間隔で地中に打ち込み、掘削に伴って親杭間に横矢板を挿入して築造する ・根入れ部分については連続性がなく、受働抵抗面積が小さい ・遮水性がないので地下水位の高い地盤では地下水処理を併用する必要がある	・小規模〜中規模工事 ・地下水位の低い良質地盤には有効 ・山留め壁としては最も安価 ・地下水位の高い細砂層やシルト層のように根切りしてから横矢板を入れるまでの間に崩れてしまうような地盤での適用は不可
止水壁	鋼矢板壁	・U形等の断面形状の鋼矢板を継手部を噛み合わせながら連続して地中に打ち込んで築造する ・遮水性を有する ・掘削底面以下の根入れ部分についても連続性が保たれる	・小規模〜大規模工事 ・掘削深さの目安としては15m程度まで ・地下水位の高い地盤や軟弱地盤にも適用化 ・継手部分に遊びがあるため、断面性能の低下を考慮する必要がある
止水壁	ソイルセメント壁	・単軸あるいは多軸の掘削撹拌機などを用いて原位置土とセメント系懸濁液を混合撹拌した後に芯材を挿入し、壁体を連続して築造する ・一般的には60〜80%の廃泥が発生する ・必要に応じて、ソイルセメント部分のみを長く伸ばすことが可能	・中規模〜大規模工事 ・地下水位の高い砂質地盤、砂れき地盤、軟弱地盤と適用範囲は広い ・地盤種別により、ソイルセメントの材料品質に差が生じるのでその品質管理が重要 ・柱列タイプでは接合部の遮水性に注意が必要

地業

地業の作業について

　地業とは、建物を支えるため地盤に設けた敷砂利・捨てコンクリート・杭などの部分およびそれらを敷設する作業の総称です。

　根切りが終わると、床付け面に砂や砂利を敷き、タンパーなどの機械で締固めを行います。杭基礎の杭間・基礎梁下は地盤が軟弱なことが多いため、突固めを過度に行うと、砂・砂利の層厚が薄い場合には床付け地盤が破壊され逆効果となることがあります。

　また、軟弱地層を砂・砂利などで置換する場合は、締固め効果を上げるため層厚30cmごとに締固めを行います。

　砂・砂利地業を終えると、その上に捨てコンクリートを打設しますが、これは柱や基礎の位置をコンクリート上に墨出しするとともに、床付け底面の安定化や基礎コンクリート打設時のコンクリートペーストの流失や脱水を防ぐためでもあります。捨てコンクリートの精度は基礎躯体の品質にも影響するので、躯体コンクリート同様、しっかりと施工しなければなりません。

地盤改良による地業

　中小規模の工事においては浅層混合処理工法や深層混合処理工法などの固化工法（地盤改良）が主流です。

　固化工法では、固化材の添加量、混合状態、改良範囲・深さ（支持層の確認）、強度発現までの養生などに注意し、最終的にテストピースによる強度試験などによって改良効果を確認します。

　いずれの地業においても大切なことは適切な作業により地盤や埋戻し土の強度を確保することです。これが守られないと、後になって土間や建物に沈下が生じます。監理者は自分の目で確かめることができない場合であっても、施工記録などで締固め作業や使用材料などが適切かを必ず確認する必要があります（図63）。

地業においては、地盤や埋戻し土の強度の確保が大切です

図63

土質に適応した締固め機械

土質	有効	使用できる	施工現場の関係でやむをえないとき	トラフィカビリティーの都合でやむをえないとき
礫（G）砂（S）	振動ローラー	タイヤローラーロードローラー	振動コンパクタータンパー	―
砂質土（SF）	タイヤローラー	振動ローラー自走式タンピングローラー	同上	ブルドーザー（普通型）
細粒土（F）	タンピングローラー（自走式被けん引式）	タイヤローラー	タンパー	ブルドーザー（普通型・湿地型）

浅層混合処理工法の施工順序

固化材の散布・敷均し
袋物を人力にて配置、解体し、レーキにて均一に敷き均す

混合撹拌

転圧

フレコンバッグをクレーン車などで吊り、底の紐を引き材料を落下させ、レーキにて均一に敷き均す

2m程度以浅の軟弱層を改良する場合に用いる。
適用できる建物の規模に制限がある

締固め用機械

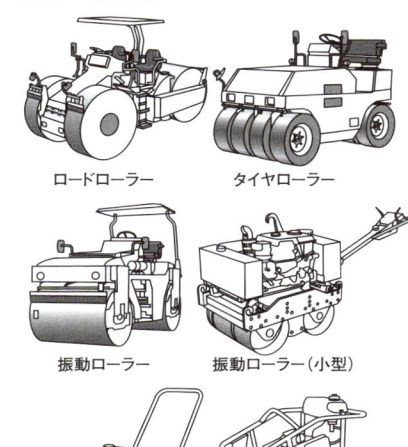

ロードローラー　　タイヤローラー

振動ローラー　　振動ローラー（小型）

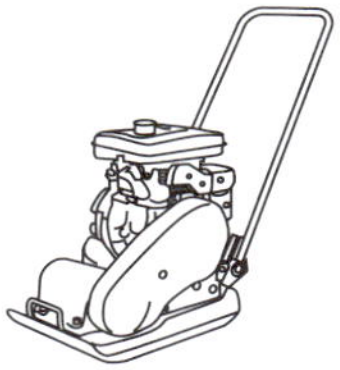

振動コンパクター 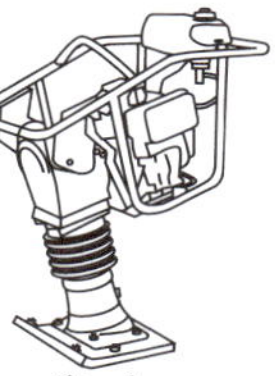　　ダンパー

深層混合処理工法

①機械撹拌の一例

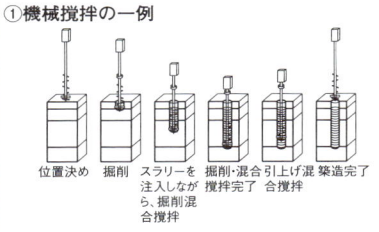

位置決め　掘削　スラリーを注入しながら、掘削混合撹拌　掘削・混合引上げ混撹拌完了　合撹拌　築造完了

使用する固化材にはスラリー系の粉体系のものがある

②噴射撹拌の一例

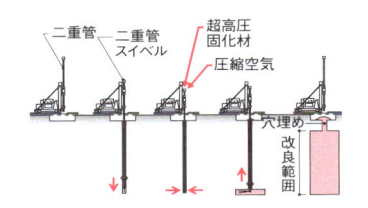

二重管　二重管スイベル　超高圧固化材　圧縮空気　穴埋め　改良範囲

ジェット流体のエネルギーで地盤を切削すると同時に円柱状の固結体を造成する

床下防湿層の例

断熱材がない場合　断熱材がある場合
土間スラブ（土間コンクリートを含む）
捨てコンクリート
断熱材
防湿層
砂
砂利地業
基礎梁

250程度　400

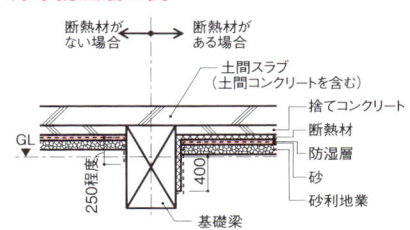

防湿層の位置は断熱層の有無により異なるので留意する

鉄筋の種類

鉄筋は鉄筋コンクリート構造体の骨格であり、コンクリートと一体になって初めて構造体となり得ます。そのため鉄筋は適正な種類のものを所定の位置に正しく配筋します。

異形鉄筋と丸鋼の鉄筋

鉄筋はその形状から異形鉄筋と丸鋼に分けられますが、現在はほとんどが節のある異形鉄筋となっています。また、建築に使用されるほとんどの鉄筋が電気炉で熱間圧延した電炉鉄筋です。

鉄筋を表す記号、数字として、Dは公称直径、SDは異形、その後の3桁の数字は機械的性質（降伏点強度）を表し、数字が大きいほど強度が高くなっています。

一般的には床・壁・帯筋（フープ）やあばら筋（スターラップ）には細物（D10〜D16）のSD 295 Aを、大きな力を負担させたい柱・梁の主筋には太物（D19以上）のSD 345、SD 390を使用します。高強度コンクリートを使用する高層の鉄筋コンクリート造建物では柱や梁の主筋にSD 490を使用することもあります。帯筋やあばら筋は効果的な補強を行うため、高強度（降伏点強度 685〜1275N／㎟）のせん断補強筋の採用も増えています。

特殊な形状の鉄筋

通常の帯筋のほかに、スパイラル筋と称する螺旋状に連続した形状のものがあります。また、高層の建築物などでは「溶接閉鎖型せん断補強筋」と呼ばれる口の字に加工された材料が多く使用されるようになってきました。両者共継目がないため強度が均一で、耐震性に優れています。またフックがないためコンクリートの回りがよいというメリットもあります。その他、梁などに貫通孔を開ける場合、基本的には孔の周りを井の字に配筋します。既製品が数多く出回っていますが使用に際しては、孔の大きさ、位置および使用条件に注意する必要があります（図64）。

適切な位置に適切な種類の鉄筋が入っていることが重要です

図64

鉄筋の種別

規格番号	名称	区分・種類の記号	
JIS G 3551	鉄筋コンクリート用棒鋼	丸鋼	SR235
			SR295
		異形棒鋼	SD295A
			SD295B
			SD345
			SD390
			SD490

出典：「建築工事標準仕様書・同解説JASS5」
　　　　　　　　　　　　（社）日本建築学会

鉄筋の表面形状

①丸鋼

②異形鉄筋

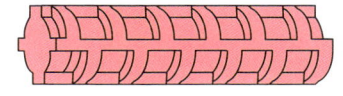

スパイラル筋

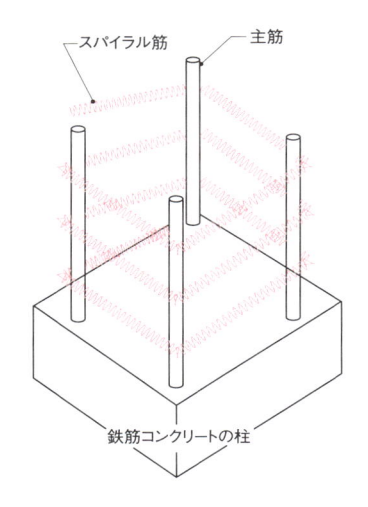

スパイラル筋　主筋
鉄筋コンクリートの柱

溶接閉鎖型鉄筋の配筋状況

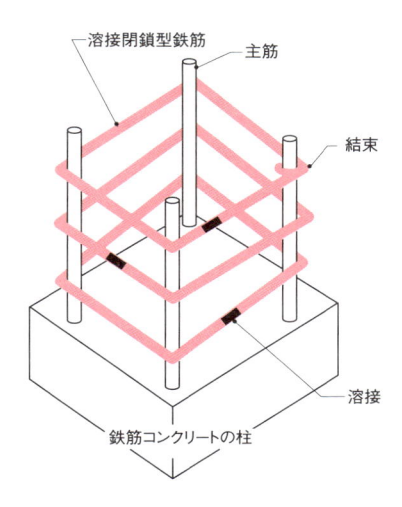

溶接閉鎖型鉄筋　主筋　結束　溶接
鉄筋コンクリートの柱

スパイラル筋はらせん状に継目なくひとつなぎでできた鉄筋（帯筋）であり、柱や梁がずれることで生じるせん断力による破壊を防ぐため、主筋に巻きつけるせん断補強筋である。拘束力が強く、強度も均一でさらに1つひとつの結束不良により、工期短縮も図れる

溶接閉鎖型鉄筋は主筋を巻く1本1本の帯筋を配筋する方法の鉄筋でフックで止める従来の方法に比べ構造の骨組となる鉄筋に一体性をもたせることでじん性を上げ、地震時の主筋の座屈を防ぐ。コストがかかるが、耐震性は最も高い

5　施工の流れと現場で見るべきポイント

鉄筋の製品検査とミルシート

監理者がすべきこと

鉄筋が現場に搬入されると、施工管理者は製品（受入れ）検査を行い、監理者はその内容を確認します。

製品検査の内容

鉄筋の受入れ検査は、ミルシートなどの証明書と目視により行います。ミルシートとは鉄筋の種類、呼び名、径、化学成分、数量、引張り・曲げの試験結果、製造会社名を記載したもので、鋼材メーカーが発行します。

ミルシートは鋼材メーカーの製造工場で発行された後、専門工事会社の加工工場経由で現場へ持ち込まれます。現場では施工管理者が構造仕様書をもとに、ミルシートと搬入された鉄筋を突き合わせ、納入されたものに間違いがないかを確認します。

搬入された鉄筋は、各階、各工区などで使用される鉄筋強度に違いがある場合があるので、種別・径別・長さ別などに分け、端太角材の上に並べ、識別できるように札を設けて仕分けします（図65）。

圧接工事

圧接工事とは、鉄筋どうしの端部を突き合わせ、酸素とアセチレンを混合したガスの炎によって加熱し、圧力を加えながら継ぐ工事です。圧接継手では、鉄筋母材と同等以上の継手強度が求められます。圧接工事は有資格者による責任施工によって行われます。監理者は施工管理者から提出された施工計画書・施工要領書から作業の要領と作業員の圧接技量資格を確認します（図66）。

全数検査（外観検査）と抜取検査（引張試験）

圧接部が母材同等以上の強度であることを確認するために、全数検査（外観検査）と抜取検査（引張試験）を行います。引張試験では抜き取った鉄筋片を破壊検査し、引張強さがJISの規定に合格するかを確かめます。また、抜取検査においては、引張試験に代えて、超音波探傷を行うこともあります。

> 鉄筋に表示されているマークとミルシートの記載が同じかを確認しましょう

図65

写真による受入れ検査記録の例

撮影日　平成　年　月　日 — 納品日をミルシートと照らし合わせて確認

B1F：壁・柱鉄筋材搬入受入れ検査

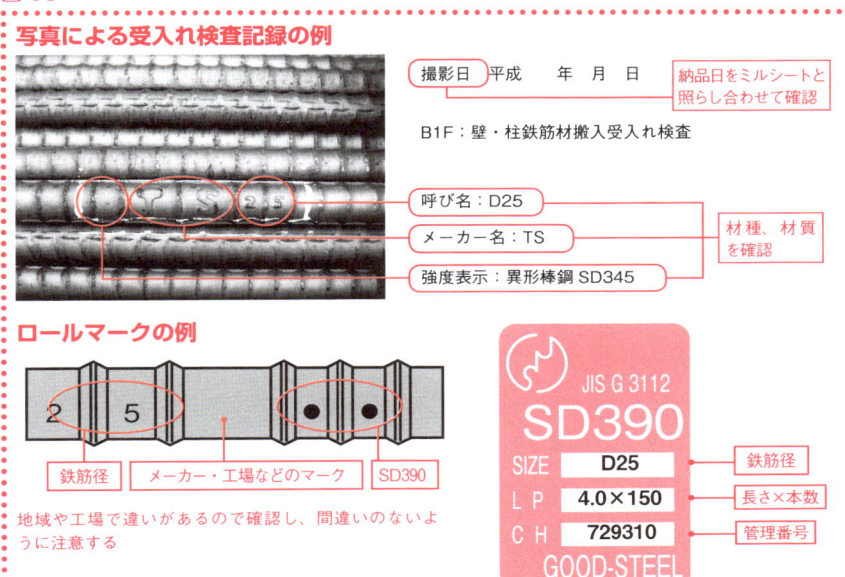

呼び名：D25
メーカー名：TS — 材種、材質を確認
強度表示：異形棒鋼 SD345

ロールマークの例

鉄筋径 ／ メーカー・工場などのマーク ／ SD390

地域や工場で違いがあるので確認し、間違いのないように注意する

JIS G 3112
SD390
SIZE　D25 — 鉄筋径
LP　　4.0×150 — 長さ×本数
CH　　729310 — 管理番号
GOOD-STEEL

5　施工の流れと現場で見るべきポイント

図66

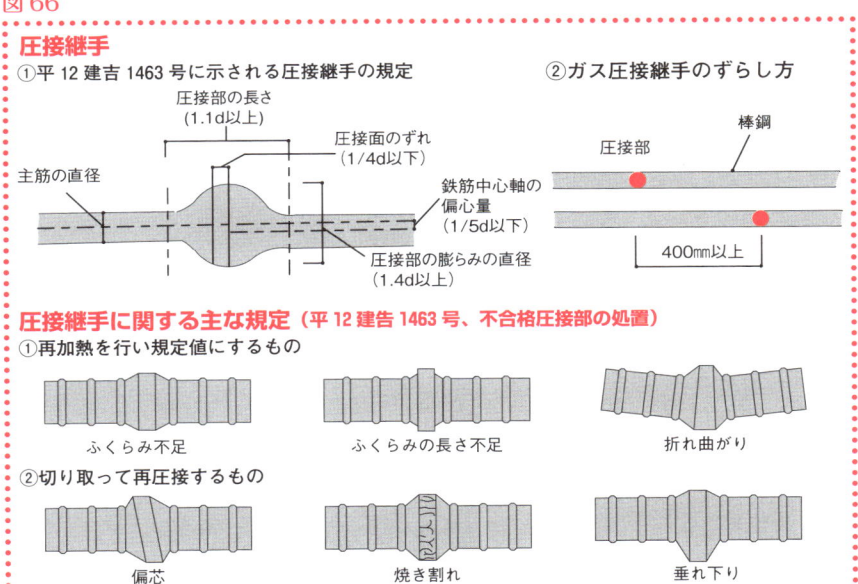

圧接継手

①平12建告1463号に示される圧接継手の規定

主筋の直径
圧接部の長さ（1.1d以上）
圧接面のずれ（1/4d以下）
鉄筋中心軸の偏心量（1/5d以下）
圧接部の膨らみの直径（1.4d以上）

②ガス圧接継手のずらし方

圧接部　棒鋼
400mm以上

圧接継手に関する主な規定（平12建告1463号、不合格圧接部の処置）

①再加熱を行い規定値にするもの

ふくらみ不足　　ふくらみの長さ不足　　折れ曲がり

②切り取って再圧接するもの

偏芯　　焼き割れ　　垂れ下り

117

配筋検査

鉄筋のかぶり厚の確認

鉄筋のかぶり厚とは、コンクリートの表面から最外筋までの距離です。かぶり厚は鉄筋コンクリート造建物の耐久性に大きく影響するので規定の厚さを確保しなければなりません。

鉄筋の定着の確認

定着とは、鉄筋コンクリート造で、一方の部材の鉄筋を接合部のもう一方の部材内に規定の長さ以上に延長させ、鉄筋が引き抜けないよう固定することを言い、この定着の距離を定着長さと言います。

定着長さについては、コンクリートの設計基準強度・鉄筋の種類・部位やフックの有無によって必要な長さが規定されています。

配筋検査の時期は、検査後からコンクリート打設までに、指摘個所の手直し、是正が可能な時間を見越して行うようにします。

構造躯体を貫通する開口や貫通孔を新規に開ける場合には、必ず構造設計者の意見を聞き、正しい補強をします。

補強筋と補助筋の違い

補強筋とは構造的な補強を行うもので、一般的には、壁・床の開口部補強に用いる鉄筋や設備配管などの梁貫通孔の補強に用いる鉄筋のことを言います。

似たものではありますが、腹筋、幅止め筋、ひび割れ防止筋、打増し部の鉄筋など構造計算では要求されないものを補助筋と呼び区別しています。

開口補強と梁貫通孔補強

壁の開口補強は開口部の隅角に斜めに補強筋を配することが一般的ですが、壁厚が薄い場合、コンクリートの充填性が悪いため溶接金網や鉄筋格子を取り付ける場合もあります。

スラブの開口および梁貫通孔の補強方法は、小さなものは特記仕様書に書かれている方法、大きめの開口については構造計算で確かめた補強方法を指定します（図67）。

躯体性能に大きくかかわるかぶり厚と定着は図面と現場でしっかり確認しましょう

図67

梁貫通補強

梁端部（スパンℓ/10以内かつ2D以内）は避ける

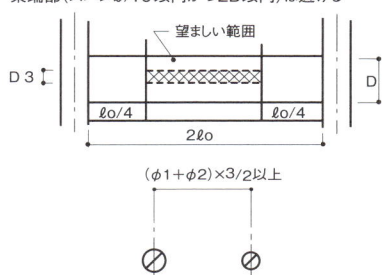

望ましい範囲
D 3
$\ell_0/4$　$2\ell_0$　$\ell_0/4$
D

$(\phi 1 + \phi 2) \times 3/2$以上

梁貫通に使用する補強筋は製品により異なるので、メーカーへ計算書などを提出させ開口径に合わせて補強を行う

貫通孔が連続して間隔などがとれない場合は設計者または工事監理者と打ち合わせのこと

開口補強

①開口部の最大径が700mm程度以下の例

L_2　L_2
L_2
n_1　$\left(\dfrac{n_2}{2}\right)$本
L_2
$\left(\dfrac{n_2}{2}\right)$本
$\left(\dfrac{n_1}{2}\right)$本　$\left(\dfrac{n_1}{2}\right)$本

斜め補強筋D13かつスラブ筋と同径以上

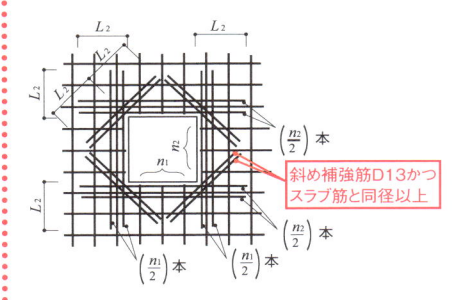

②開口の最大径が300mm程度以下の例

L_2　L_2
L_2
L_2

斜め補強筋D13かつスラブ筋と同径以上

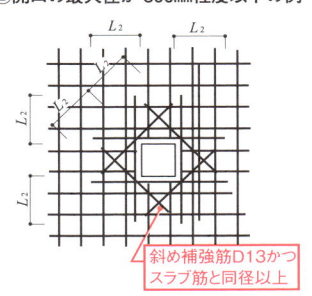

これらの写真は設計での構造仕様により補強方法（本数など）に違いがあるが根本的な仕様は理解しておく必要がある

コンクリートの調合と混和剤

コンクリートの調合

よいコンクリートは、硬化前は打設しやすいワーカビリティー（運搬、打設や仕上げを含んだコンクリートの総合的な作業のしやすさ）を持ち、均質で分離しにくいことが求められ、硬化後は設計で必要な強度を達成し、長期的な耐久性を持っていることが求められます（図68）。

材料と調合のポイント

①セメント

一般的な建築工事には普通ポルトランドセメントが用いられますが、緊急工事や冬期工事では早強ポルトランドセメントが用いられることもあります。

高炉セメントは初期強度が小さいですが、長期強度の発現が大きく、耐海水性、化学抵抗性が大きいなどのメリットがあります。

②骨材

コンクリートの体積の約7割を占め、コンクリートの性状に大きく影響するものです。有害な不純物・塩化物などを含まず、適度な粒度・粒形を有し、耐久性や耐火性に優れたものがよいでしょう。かつては、河川の砂利・砂が使われていましたが、現在では、粗骨材には砕石が、細骨材には山砂・海砂が多く使用されています。砕石・砕砂は粒形が角張っておりワーカビリティーに悪影響を及ぼしますが、混和剤を使用することにより影響を小さくすることができます。

混和剤と混和材

混和材料はコンクリートの性質（ワーカビリティー、長期強度、乾燥収縮など）の改善のために用いられるもので、現在はほとんどの生コンになんらかの形で用いられています。また、少量用いられる薬品的なものを混和剤、比較的多く用いられるもの（練り上がり容積に参入される）を混和材と書き分けています。

AE減水剤や高性能AE減水剤は安価にコンクリートの品質を改善するため、ごく一般的に用いられています。

> 配合計画書を承認するためにセメントや骨材の特性を理解しておきましょう

図68

コンクリート仕様別配合規定一覧表（JASS5 2009年版）

管理項目	基本仕様	特殊仕様				水密コンクリート	水中コンクリート
		軽量コンクリート	流動化コンクリート				
スランプ	Fm < 33N/㎟ 18cm以下 33N/㎟ ≦ Fm 21cm以下	21cm以下	コンクリート種類	ベースコン	流動化コン		Fm < 33 21cm以下 33 ≦ Fm 23cm以下
			普通コンクリート	15cm以下 ※	21cm以下 ※		
			軽量コンクリート	18cm以下	21cm以下		
			※ 調合管理強度が 33N/㎟以上の場合、材料分離を生じない範囲でベースコンを 18cm以下、流動化コンを 23cm以下とすることができる				
水セメント比	セメントの種類 / 水セメント比 ポルトランドセメント / 高炉セメントA種 / シリカセメントA種 / フライアッシュセメントA種：65%以下 高炉セメントB種 / シリカセメントB種 / フライアッシュセメントB種：60%以下	Fc ≦ 27N/㎟ 55%以下 27N/㎟ < Fc 50%以下	流動化コンクリートは打設前に混和剤（流動化剤）を添加して製品となるので水セメント比は基本仕様と同じ			50%以下	場所打ち杭 60%以下 地中壁 55%以下
単位水量	185kg/㎥以下	185kg/㎥以下	185kg/㎥以下（ベースコン）				200kg/㎥以下
単位セメント量	270kg/㎥以上	Fc ≦ 27N/㎟ 320kg/㎥以上 27N/㎟ < Fc 340kg/㎥以上	普通コンクリート 270kg/㎥以上 軽量コンクリート Fc ≦ 27N/㎟ 320kg/㎥以上 27N/㎟ < Fc 340kg/㎥以上				場所打ち杭 330kg/㎥以上 地中壁 360kg/㎥以上
空気量	4.5%	5%	普通コンクリート 4.5% 軽量コンクリート 5%			4.5%以下	

※ 寒中コンクリートの場合、調合管理強度 Fm ≧ 24N/㎟ でなければならない
※ 暑中コンクリートの場合、荷卸し時のコンクリート温度は 35℃以下でなければならない

（注記）水セメント比欄の「65%以下」「60%以下」は原則として定めてあるが、できるだけ少なく

コンクリートの調合は、コンクリートの品質項目・目標値を設定し、その性能を十分に確保するために、各材料、各種条件を決定する。これらの決定により調合されるコンクリートの配合を基本仕様（普通コンクリート）と一般的な特殊仕様のコンクリートに分けたものが上の表である。各規定値を確実に守るよう調合を行う

生コン工場と配合計画書

生コン工場

　監理者は施工者が選定した生コン工場の承認を行います。承認の主な条件は、JIS表示認定工場であること、工場にコンクリート主任技士などの有資格技術者が常駐していること、現場と工場の位置が、練混ぜから打込み終了までの時間の限度内に打設できる距離にあること、などになります。

試験練りのチェックポイント

　試験練りとは「レディーミクストコンクリート配合計画書」に記載された調合が設計仕様通りの強度や施工品質をもったコンクリートとなるかを確認するために、試験体をつくり配合計画を最終的に決定するために行うものです。

　試験練りではスランプや空気量などの一般的な試験項目のほかに、目視やスコップなどで粘性などのワーカビリティーの確認、スランプの経時変化の確認などを行い、配合計画の修正やコンクリート打設計画に反映します。試験練り時には工場の調査も併せて確認し、問題があれば改善を要求します。

配合計画書

　配合計画書は、コンクリートの材料と調合を表すもので「レディーミクストコンクリート配合計画書」と言います。設計図書や仕様書に基づいてレディーミクストコンクリート工場が作成するもので、配合、骨材・セメント・化学混和剤の試験結果などで構成されています。

　配合計画書のチェックポイントとして、概要：納入予定時期と打込み個所。呼び強度：品質基準強度に気温による適正な補正（温度補正または強度補正）を加えているか。スランプ：設計上限値以下となっているか。粗骨材の最大寸法：主に20mm以下か。水セメント比：設計上限値以下となっているか。単位水量：設計上限値以下となっているか。その他（空気量や混和材料の種類、骨材のアルカリシリカ反応性）などをチェックします（図69）。

試験練りの立ち会いと工場調査は重要です

図69

配合計画書のチェック

配合計算書

指定事項	配合の設計条件			
呼び方	コンクリートの種類による記号	呼び強度	スランプ	粗骨材の最大寸法による区分 / セメントの種類による区分
	普通	30	18	20 N

配合に間違いがないか確認

指定事項		
(1) 標準偏差 (σ)		
(2) 配合強度 (m)		
(3) 水セメント比 (W/C)		
(4) 単位水量 (W)		
(5) 単位セメント量 (C)		
(6) 空気量 (A)		
(7) 単位粗骨材量 (G)		
(8) 単位細骨材量 (S)		
(9) 細骨材率 (s/a)		
(10) 単位混和剤量 (Ad)		

数値の算定方法に間違いがないか確認

配合表

	水セメント比	細骨材率	単位量 kg/m³				
			水	セメント	細骨材	粗骨材	混和剤
				① ②	① ② ③ ④	① ② ③	① ② ③
	48.0%	46.8%	181	378	789	940	4.09

産地に2種類以上の混合がないか確認

備考
- 右記「レディーミクストコンクリート配合計画書」と相違がないことを設計図書の内容と照らし合わせて確認する
- なお上記(1)〜(10)の算定方法については、[建築工事標準仕様書・鉄筋コンクリート工事 JASS5]参照のこと

---

5 施工の流れと現場で見るべきポイント

レディーミクストコンクリート配合計画書

JIS 表示認定工場 認定番号
平成　年　月　日
配合計画書作成者
No.
電話

まずは現場名称について確認。近隣に他工事がある場合、同じコンクリートプラントを選定している場合もあるので間違いがないことを見る

工事名称	
所在地	
納入予定時期	月　日〜月　日
本配合の適用打込み場所	

夏期もしくは冬期配合の場合は要注意 / 打込み個所で配合に違いがある場合もあるので間違いがないか注意

配合の設計条件

呼び方			
コンクリートの種類による記号	呼び強度	スランプ	粗骨材の最大寸法による区分 / セメントの種類による区分
	(30)	(18)	(20)

品質基準強度の確認

指定事項

コンクリートの打込み箇所	
セメントの種類	記載
骨材の種類	使用材料欄に記載
混和剤の種類 / スランプ増大法	アルカリ骨材反応抑制対策の方法
水セメント比の上限値	60 %
単位水量の上限値	kg/m³
単位セメント量の下限値または上限値	kg/m³
空気量	%
塩化物含有量	0.30kg/m³以下
呼び強度を保証する材令	28日

品種を確認 / 各種の上限値を確認

使用材料

セメント	生産者名	密度 (g/cm³)	
混和材①	製品名	3.16	
混和材②	製品名		

骨材	No.	種類	産地または品名	粗粒率 / 実積率	密度 (g/cm³)	吸水率 (%)
砂利・砕石	① ② ③					
砂	① ② ③					

混和材料	種類	製品名
混和材①		
混和剤①		
混和剤②		
混和剤③		

水	種類	区分
		A モルタルバー法 ASRによる区分 モルタルバー法 20〜5

粗骨材の最大寸法は記載されているか / アルカリ骨材反応抑制対策の方法 / 塩化物は上限値以下

配合表 (kg/m³)

水セメント比	細骨材率	水	セメント	細骨材	粗骨材	混和剤
%	46.8 %			① ② ③	① ② ③	① ② ③

コンクリートの種類、強度、スランプ、骨材に間違いがないか確認

備考
Fc=24 Fq=27

品質基準強度の確認 / 規格区分 / 規定範囲内に収まっていることを確認する / 数値が上限値以上でないことを確認

生コン打設手順とその方法

打設前の作業手順

　監理者は打設工事計画書の内容を確認するためにも、打設工事の流れを最低限知っておく必要があります。打設日の数日前に、関係協力社の職長を集め、打設計画書をもとに作業内容について打合せを行います。そして、打設当日、施工管理者は現場朝礼の際に各所に配置される人員に役割や作業上の注意事項を明確に指示します。さらに、型枠や配筋に不備（型枠の目違い、セパレータの緩み、鉄筋スペーサー、差筋、天井インサートについてなど）がないことを巡視します。打設前には十分に散水を行い、型枠を湿らせておくことや、これに並行してコンクリート圧送車の配管などの段取り、生コン車の搬送スケジュールを確認します。

　生コン車が到着次第、コンクリート納入書を確認し受け入れ検査を実施しますが、監理者は極力立ち会い、検査内容を確認します。問題がなければコンクリートの打込みを開始します（図70）。

打設計画書と打設方法

　打設計画書とは、施工管理者が作成し、監理者が承認するものです。打設計画書は、打設部位・コンクリート仕様・打設人員計画・使用機器・打設数量・受入検査方法・圧縮強度試験方法・養生方法・解体計画・打設後の不具合の処置方法などが記入されています。打設計画書に添付される打設計画図には、ポンプ車の配置や生コン車の待機場所、誘導方法や誘導員の配置、打設方法や手順などが、平面図や断面図などに記入されています。

　また、コンクリートの打設は1日で打設できる量が限られており、建物の規模・形状や周辺状況などによっては工区分けを行うことも考えなければなりません。コンクリートの打設計画は、躯体の精度や品質を左右するため、仕上げにも大きく影響します。

　コンクリートの打設は一般に、「回し打ち」と「片押し打ち」の2つの方法があり、建物の形状や立地に合った方法を選択します。

> 打設の手順を理解し、打設中に適切に作業が行われているかを確認しましょう。

図70

打設手順と工事の流れ

フロー（左列）

- コンクリート圧送車（ポンプ車）の設置
  - ポンプ車のブーム配管
- コンクリートの手配
  - 運搬／打設間隔と総数量（〜㎥まで出すか）昼は何時までで何時から開始するか確認
- コンクリートの打設
  - ・打継ぎ
  - ・目地廻り
  - ・開口・吹出し部など
- 型枠存置養生
  - コンクリートの強度発現を待って解体をする
- 圧縮強度試験
  - 梁やスラブの支保工は設置を続ける
- 型枠解体
- 検査

注意点（中列）

- 打設計画の指示
  - 朝礼
    - ・人員配置
    - ・打設量と間隔
    - ・打設順序
    - ・注意事項など
- コンクリート配合確認
  - 練混ぜ
- 受入れ検査の実施
  - ・納入時刻(発/着)確認
  - ・ワーカビリティー
  - ・スランプ
  - ・供試体の採取
- 湿潤養生など
  - ・散水
  - ・直射日光からの保護など
- 検査機関の試験
  - 圧縮強度が所定の強度を得たことを確認
- サッシ廻り
  - サッシ廻りは解体時に抱きを欠損してしまう可能性があるので斫りカッターで型枠との縁を切ってから外す
- 補修
  - ジャンカ、コールドジョイント、ピンホールなどをチェックし、必要があれば補修を行う。補修方法を検討すること

写真（右列）

打設ポンプ
受入れ検査
コンクリート打設
型枠存置養生 → 解体
躯体検査

生コンの受入れ検査

受入れ検査で行うべきこと

　コンクリート打設当日に行う受入れ検査では、コンクリートのスランプ・フロー値・空気量・コンクリート温度、塩化物測定を行います。通常受入れ検査は監理者も立ち会いましょう。

　受入れ検査では、このように当日発注したコンクリートの品質を数値で確認しますが、打設工事では、そのコンクリートが持つワーカビリティーが深く関わってくるため、監理者は目視による状態の確認も行います。

　たとえば、同じスランプでも細骨材の過不足など材料や調合が不適切だと、粘性の乏しいパサパサとしたものになったり、粘性が強すぎてもったりとしたコンクリートになります。この場合プラントに注意を促す必要があります。これは、ポンプ車排出時や筒先においても同様で、前記のような性状や全体的にムラがないかなどを確認します。

　また、コンクリート納入書によりミキサー車の生コン工場の出発時刻と納入された時刻を確認しますが、外気温が25℃以上か未満かで工場での練り混ぜから打込み完了までの所要時間の限度に30分の違いがあり、外気温が高いほうが時間が短いので注意する必要があります。

コンクリートの試料の採取

　検査のための試料の採取では、JISの「まだ固まらないコンクリートの試料採取方法」で採取させ、任意の1運搬車からまとめて3本採取します。

　コンクリート塩化物量の試験では、使用機器を㈶国土開発技術研究センターの評価を受けたものとしています。

　なお、コンクリート打込み中に品質の変化が見受けられた場合は、再度配合計画書と当日の試験結果を確認し、それぞれの規定値の許容範囲内であることを確認します。許容範囲を超えた場合は生コン工場へ確認をとります（図71）。

> コンクリートの品質を確認する受入れ検査は立ち会うようにしましょう

図 71

構造スランプのコンクリート

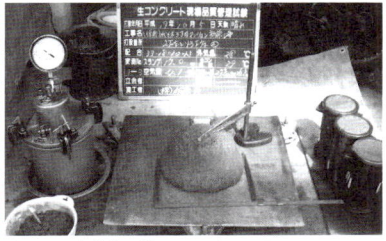

もったりと粘性の強いコンクリート

ゆるく粘性のないコンクリート

生コン納入伝票

外気温25℃未満では打込み終了まで120分以内、外気温25℃以上では90分以内で打設しなければならないので注意して確認

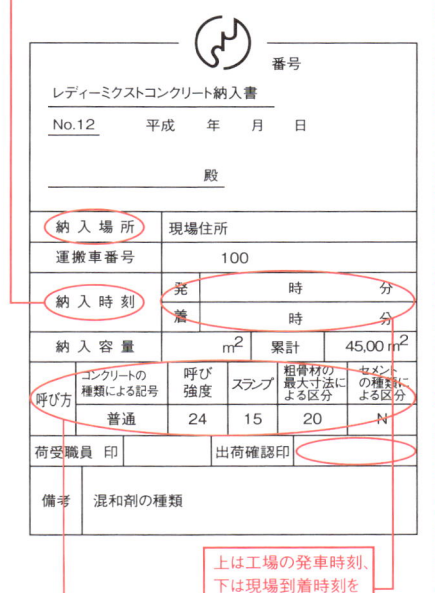

```
         レディーミクストコンクリート納入書   番号
         No.12      平成   年   月   日
                         殿
  納入場所    現場住所
  運搬車番号    100
  納入時刻    発      時      分
              着      時      分
  納入容量         m²   累計   45,00 m²
           コンクリートの  呼び  スランプ  粗骨材の  セメント
  呼び方    種類による記号 強度        最大寸法に の種類に
                                    よる区分  よる区分
           普通        24    15      20     N
  荷受職員 印         出荷確認印
  備考    混和剤の種類
```

上は工場の発車時刻、下は現場到着時刻を指す

配合に間違いがないか確認

JIS A 5308-2003 のスランプの許容差

(単位：cm)

スランプ	スランプの許容差
2.5	±1
5 および 6.5	±1.5
8 以上 18 以下	±2.5
21	±1.5 ※

※呼び強度 27 以上で高性能 AE 減水剤を使用する場合は、±2 とする

JIS A 5308 の空気量の許容差

(単位：%)

コンクリートの種類	空気量	空気量の許容差
普通コンクリート	4.5	±1.5%
軽量コンクリート	5.0	
舗装コンクリート	4.5	

生コン打設中の作業

打設の原則

　監理者はコンクリートの打設作業を直接行うことはないが、打設方法はコンクリートの品質に大きく関わるので、施工のポイントを理解し、充填不良や締固め不良を防ぐよう助言を行います。

　打設の原則は打ち込みたい個所にできるだけ筒先を近付けることです。コンクリートを横流ししたり、高所から落下させると分離しやすいので注意します。

締固め作業の注意点

　締固め作業では打ち込まれたコンクリートを鉄筋・設備配管廻りや型枠の隅々まで充填し、密実なコンクリートとするため、打込み時にコンクリート内に混入した空気を逃がすように意識して行います。

　締固めは、一般的にバイブレーター（棒形振動機）、木槌（叩き棒）による叩き、竹棒での突付きなどで行われます。

　バイブレーターは、通常直径が30〜40mm径、長さ60〜80cmのものを使用します。バイブレーターは打ち継ぐ部分に鉛直に挿入し、その挿入間隔は600mm以下とします。ただし、バイブレーターを掛け過ぎるとコンクリートが分離しやすいので、5〜15秒程度で移動するようにします。また挿入時も型枠に接しないように配筋の内側に入れます。バイブレーターは流し込む道具ではなく、締固めの道具であることを意識させることが重要です。

　目地裏や開口部廻りなどバイブレーター作業が困難でコンクリートの回りにくい部分などは、木槌での叩き、竹棒での突付き、壁打ちバイブレーターで対応します。

　スラブは、沈み亀裂の防止のため、さらにタンパーと呼ばれる道具を用いてコンクリート表面を締め固めるタンピング作業を行います（図72）。

> 締固めは、打設場所に応じて的確な方法で行ないます

図72

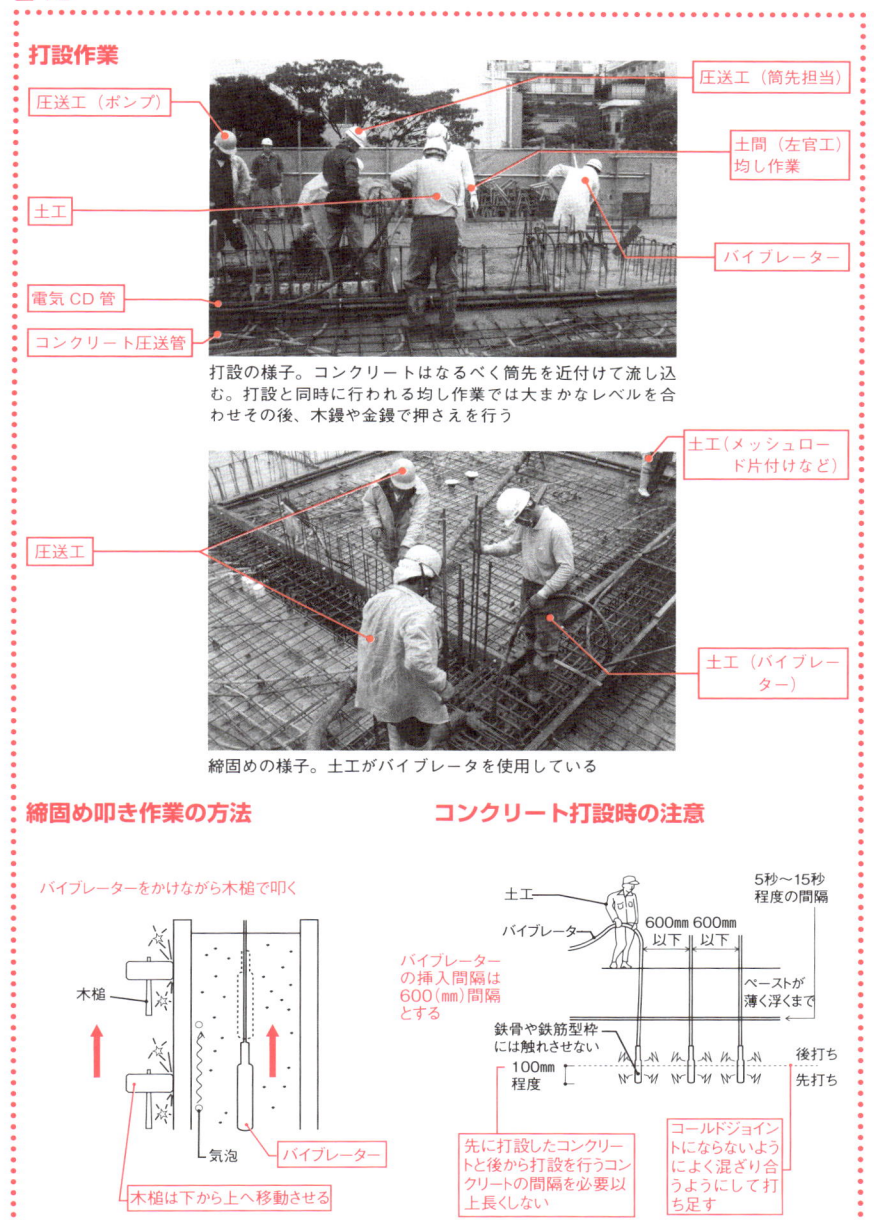

打設作業

- 圧送工（ポンプ）
- 土工
- 電気CD管
- コンクリート圧送管
- 圧送工（筒先担当）
- 土間（左官工）均し作業
- バイブレーター

打設の様子。コンクリートはなるべく筒先を近付けて流し込む。打設と同時に行われる均し作業では大まかなレベルを合わせその後、木鏝や金鏝で押さえを行う

- 圧送工
- 土工（メッシュロード片付けなど）
- 土工（バイブレーター）

締固めの様子。土工がバイブレータを使用している

締固め叩き作業の方法

バイブレーターをかけながら木槌で叩く

- 木槌
- 気泡
- バイブレーター
- 木槌は下から上へ移動させる

コンクリート打設時の注意

- 土工
- バイブレータ
- 600mm以下　600mm以下
- 5秒～15秒程度の間隔
- ペーストが薄く浮くまで
- バイブレーターの挿入間隔は600(mm)間隔とする
- 鉄骨や鉄筋型枠には触れさせない
- 100mm程度
- 後打ち
- 先打ち
- 先に打設したコンクリートと後から打設を行うコンクリートの間隔を必要以上長くしない
- コールドジョイントにならないようによく混ざり合うようにして打ち足す

5 施工の流れと現場で見るべきポイント

生コン打設トラブルと対策

コンクリート打設工事でのトラブルには、①施工不備、②機器類の故障、③天候などがあります。トラブルが発生した場合、監理者は必要に応じて施工管理者と協議し、対応を模索、承認します（図73）。

①施工不備

特に見落としがちな事項としては、型枠工事では止め枠・打込み金物・打継ぎ材などの入れ忘れ、鉄筋工事では差筋・開口補強筋などの入れ忘れ、設備工事ではスリーブの入れ忘れや位置の間違いなどが挙げられます。これらは施工管理者だけでなく、監理者も各工事前に確認を行うようにします。

②機器類の故障

バイブレーターなどの機器は前日までに納入し、動作確認を行います。予備も準備できればなおよいでしょう。また、ポンプ車の故障もあり得ます。これは立地条件や専門工事会社との契約条件にもよりますが、特に失敗が許されない打放し仕上げなどの場合、1台待機させておくことも考える必要があります。

③天候

打設におけるトラブルで一番生じやすく、対応困難とされるのが天候の影響です。降雨時のコンクリート打設は、水セメント比の増加など、コンクリートの品質を変えてしまう可能性がありますので行ってはいけません。打設途中で雨が降ってきた場合は、型枠内へ水が入らないようシートで覆い、打ち終えた部分も随時シートで覆って行きます。途中強い雨となった際は、施工管理者と話し合いのうえ、後日の再開を考慮した打ち止め位置と現場での対応を決め、中止とする場合もあります。

降雪についても同様の対応となりますが、雪がやんでも型枠内に雪が入り込んでいる場合には、その雪を溶かすか除去し、型枠内に雪を残さないようにします。雪をそのままにして打設すると、積雪個所にコンクリートが充填されずにジャンカとなります。

> 天候はコンクリートの品質に大きく影響するので迅速に対応しましょう

図73

打設工事のトラブル①

台直しを行った

壁配筋の位置間違い。斫り込み、正規の位置に直す

天候への対応

養生上屋の例。寒冷地で使用している

打設工事のトラブル②

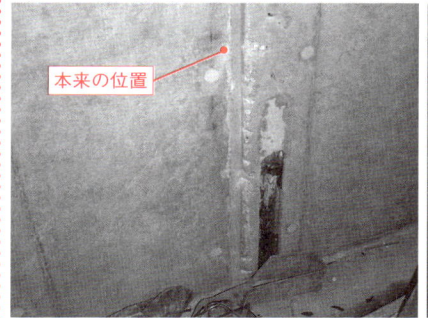

本来の位置

ずれた耐震スリット

耐震スリットがコンクリート打設中に移動してしまった。耐震スリットは十分な固定と打設時の注意が必要。後で斫り取って正規の位置に付け直す

設備工事の施工不備

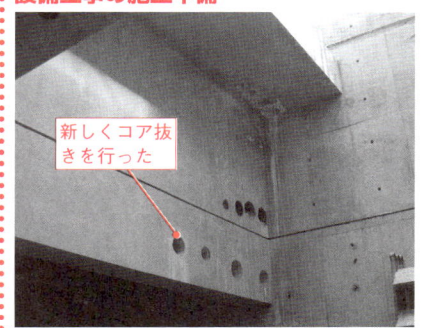

新しくコア抜きを行った

設備配管のスリーブの位置不良。事前の十分な検討と打設時の確認が必要

設備・内装工事会社の施工不備

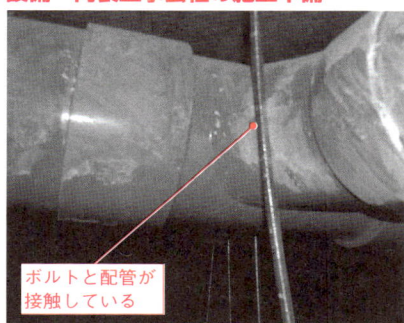

ボルトと配管が接触している

天井吊金物の位置不良。配管ルートを確認しておく

難しい打設とコールドジョイント

　コンクリート打設工事で難しいとされる代表的な部位は、階高がある場所、階段、開口部廻りなどです。

　階高がある場合、自由落下の高さが高くなるとコンクリートが分離を生じやすくなるので、原則として打設高さが4mを超えるような場合は、型枠内へシュートやホースなどを使用して静かに落とし込むようにします。

　階段部分では、壁付き階段の型枠などで段板や踊り場に蓋をせずコンクリート吹出しとする場合があります。この場合、コンクリートが吹き出さないように気を遣うあまり、周囲の壁などのコンクリートにバイブレーターや叩きを十分に行えないことがあります。事前にラス網やコンクリート櫛、合板で蓋をするなど対策を立て、吹出しをできる限り抑えるようにします（図74）。

　開口部廻りには、開口補強筋が入り組んでいるため、コンクリートの廻りが悪くなります。また開口部下端中央部は充填が難しく、空洞が生じやすいのです。そのような空気溜りなどによる空洞の発生を防ぐため、1m程度の開口幅の場合は、その下枠に30mm程度の孔を2～3カ所設け、空気の逃げ道をつくり、さらにコンクリートの充填確認を行います。

コールドジョイント

　コールドジョイントとは、先に打込んだコンクリートの硬化が進んだことにより後から打込んだコンクリートと一体化できない打継ぎ面のことをいい、主な原因は、打設間隔が開きすぎることによります。コールドジョイントは、軽微な場合は表面的な見映えの悪さとなりますが、重度の場合はコンクリートや鉄筋の劣化原因にもなり、その発生個所から漏水することもありますので、発見後は補修が求められます。

　コールドジョイントの防止で一番に考慮すべきは、生コン車の到着待ち時間を一定の間隔にして、各層の打込み間隔を必要以上にあけないことです（図75）。

> 階高がある場所や階段、開口部などは打設しにくい個所なので現場に立ち会って確認しましょう

図74

コンクリートの流し込み順序の例

片側からのみ流し込んでしまうと型枠への側圧が過大となり、型枠にパンク（破壊やパイプ締固めが外れてしまうこと）が生じてしまうので図のように分けて行う

階高のある場合の打設

上部からのコンクリートの打込みはブリーディングや材料分離を招き、また打ち重ね部分でのコールドジョイントも発生する可能性が出てくるので4m以上の階高の場合は図のような打設方法をとる

階段の型枠

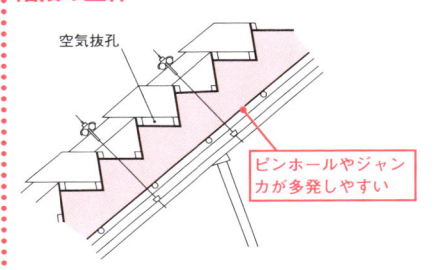

階段の型枠廻りは斜めであったり段がつき、コンクリートの充填が難しいため、空気抜孔や蓋を設け、さらに「叩き」や「壁バイブレーター」などを利用して、コンクリートの充填を行う

庇やバルコニー部

庇やバルコニーのキャンティスラブなどはコンクリート吹き出し部分となるので部分的な上蓋やコンクリート櫛といった道具を用いて必要以上に吹き出してこないようにする

図75

コールドジョイント対策

①片押し打ち工法

②回し打ち工法

コンクリートの打重ね部の打設間隔を長くし過ぎずに、しっかりと混ぜ合わせる

5 施工の流れと現場で見るべきポイント

暑中と寒中コンクリート

暑中コンクリートの適用時期

　夏期のコンクリート打設は時期によりJASS5の「暑中コンクリート」の適用期間となり、その場合、材料・調合・製造・運搬・打設・養生・品質管理に至るまで、高温となる気候の影響が最小となるような施工計画が求められます。

　暑中コンクリートの適用期間は工事地域の日平均気温の平年値が25℃を超える期間を基準としており、都内では7月13日～9月8日が目安になっています。

施工時の注意点

　コンクリートの温度が高いとセメントの水和反応は急速に進みます。また、凝結の推進と輸送・運搬中の水分蒸発によりスランプの低下が大きくなります。つまり、同じスランプを確保するには単位水量が多くなる、コールドジョイント・ひび割れが発生しやすい（特に問題となりやすい）、長期強度が出にくいなど多くの問題が生じます。

混和剤はAE減水剤遅延型や高性能AE減水剤遅延型が有効です。配合は試し練りで強度とワーカビリティーが確保できる範囲で、なるべく単位水量・単位セメント量を少なくします（図76）。

寒中コンクリート

　冬期のコンクリート打設は時期や地域によりJASS5の「寒中コンクリート」の適用期間となり、その場合、材料・調合・製造・運搬・養生・品質管理に至るまで、低温の影響が最小となるような施工計画が求められます。

　寒中コンクリートの適用期間は、コンクリート打込み後、材齢28日までの積算温度で規定されており、主に寒冷地・準寒冷地が対象となります。

　冬期工事でのコンクリートは、打込み直後の養生期間で凍結するおそれがあります。コンクリートが初期材齢で凍結すると、その後適切な温度で養生しても、強度・耐久性などが著しく低下します（図77）。

> コンクリートの特性を理解して、適切な混和材の使用や養生を心掛けましょう

図76

暑中コンクリートの配合報告書

夏期のコンクリートは温度が上昇しやすく、そのため運搬中の水分蒸発と相まってスランプが低下する。そこで同一のスランプを得るために、単位水量が多くなる。上限値の指定に誤りがないか確認する

練り上がり温度ではなく、納入時の温度を指定する

上記納入予定時期から適用期間とコンクリート打設日程を見合わせ適用されるかどうか確認する

レディーミクストコンクリート配合報告書　No.
平成　年　月　日
JIS表示認定工場　認定番号　第
電話
配合計画者名

工　事　名　称	(仮称)		新築工事				
所　在　地							
納 入 予 定 時 期							
本配合の適用期間		月　日〜　月　日					
コンクリートの打込み箇所	基礎　躯体						

呼び方	コンクリートの種類による記号	配　合　の　設　計　条　件				
		呼び強度	スランプ	粗骨材の最大寸法による区分	セメントの種類による区分	
	普通	30	18	20	N	

指定事項	軽量コンクリートの単位容積質量	呼び方欄に記載	空気量		—	%
	コンクリートの温度	最高・最低	—　℃	混和材料の種類	—	
	呼び強度を保証する材令	—	日	アルカリ骨材反応抑制対策の方法	A	
	水セメント比の上限値	65.0	%	単位セメント量の下限値または上限値	270kg/m³	
	単位水量の上限値	178	kg/m³	塩化物含有量	0.30kg/m³以下	
	流動化後のスランプ増大量	—	cm	—	—	

使　用　材　料						
セメント	生産者名	株式会社		密度(g/cm²)	3.16	Na₂Oeq(%) 0.61
混和材①				密度(g/cm²)		

図77

寒中コンクリートの具体的な養生方法の例

養生囲いの断熱性の大小	加　熱　の　有　無	
	無（無添加養生）	有（加熱養生）
小 (水和熱無視)	〈被覆養生〉 〈養生覆い〉 1. 露出面をシート類で覆う 2. 建物の外周全面をシート類で覆う 〈養生上屋〉 3. 養生上屋を設ける	〈加熱養生〉 〈被覆養生〉、〈養生上屋〉 1. 建物の外周全面をシート類で覆い建物内部を加熱する 2. 養生上屋を設けその内部を加熱する 3. 電熱線によってコンクリートを表面または内部から加熱する
大 (水和熱加算)	〈断熱養生〉 〈養生覆い〉 1. 露出面を断熱マット、断熱板などで覆う 2. 断熱型枠を用いる	

高強度コンクリート

高強度コンクリートについて

　高強度コンクリートとは高層建築や大スパン建築の実現のために開発されたもので、設計基準強度が36 N／㎟を超えるものをいいます。近年では高層鉄筋コンクリート造の実績も増えており、設計基準強度が60 N／㎟を超える建築物も珍しくなくなってきましたが、この項では一般的に使用されている36 N／㎟を超え60 N／㎟以下の範囲を対象とし、普通コンクリートとの違いを記述します。

長所と短所

　簡単にいうとコンクリート内の構造を緻密にしたものなので、中性化が遅く、乾燥収縮は少なくなります。しかし自己収縮が大きいのでひび割れ対策は適切に行う必要があります。また、火災時に表面が爆裂しやすく耐火性が劣るとされているため、設計基準強度が80 N／㎟以上では対策が必要です。

①製造：使用材料の品質変動の影響を受けやすいため、特に細骨材の表面水率の安定化が重要であり、生コン工場の管理状態をよく確認する必要があります。

②打設：一般に水セメント比が小さいため粘性が高く、バイブレーターの影響範囲も狭いので打設しにくいコンクリートです。また、ブリーディングがほとんど生じないので打継ぎの処理や表面の押さえ時に注意が必要となります。監理者としては、これらを考慮した打設計画となっているか確認します。

③品質管理：設計基準強度48 N／㎟以上では流動性の高いコンクリートを用いることが多く、受入れ検査時、スランプでは流動性の判断が難しくなるので、スランプフロー（生コンの高さ変化ではなく広がり）でも管理します。

　圧縮試験のための供試体の採取は、使用するコンクリートの検査、構造体コンクリートの検査の相方において、1検査ロットに対する試験回数は3回であるため各々9個の試験体が必要となります（図78）。

> 高強度コンクリートは、品質管理や打設工事の点で注意深い確認が必要です

図78

高強度コンクリートの受入れ検査

種類	項目	試験・検査方法	時期・回数	判定基準
配合	圧縮強度	JIS A 1108 による	・打込み日、かつ300㎥ごとに検査ロットを構成する ・1検査ロットの試験回数は3回 ・1回の検査は適当な間隔をあけた任意の3台の運搬車から1台につき3個ずつ採取した9個の供試体で行う	下表の使用するコンクリートの検査参照
流動性	スランプまたはスランプフロー	JIS A 1102 またはJIS A 1150 による		スランプ： 設定値±2.5cm（18cm以下の場合） ±2.0cm（21cm以上の場合） スランプフロー： 設定値±7.5cm（50cm以下の場合） ±10cm（50cmを超える場合）

構造体コンクリートの圧縮強度検査は打込み日、打込み工区、かつ300㎥ごとに1ロットとする

出典：「建築工事標準仕様書・同解説 JASS5（2009年版）」（社）日本建築学会

高強度コンクリートの受入れ検査は普通コンクリートのそれとは異なる点が多いので、事前に受入れ検査について確認し、高強度についての規定値などを生コン工場に確認する

高強度コンクリートのスランプフロー値は500～700（mm）程度とされている

高強度コンクリートは打設中にコンクリート温度が高まり、それによる温度低下が心配されるため、温度測定器による管理が必要

使用するコンクリート・構造体コンクリートの圧縮強度の判定基準

使用するコンクリートの検査				構造体コンクリートの検査			
調合を定める材齢	強度補正値	供試体の養生方法	判定基準	試験材齢	強度補正値	供試体の養生方法	判定基準
m（日）	mSn	標準	$m\bar{X} \geqq {}_HFm$ $Xmin \geqq 0.85{}_HFm$	m（日）	mSn	標準	$\bar{X}'m \geqq {}_HFm$
				n（日）	-	構造体温度	$\bar{X}''n\text{-}3 \geqq Fc$

〔注〕$Xmin$：使用するコンクリートの圧縮強度の検査のための標準養生供試体の材齢m日における3回の試験結果の最小値
$m\bar{X}$：使用するコンクリートの圧縮強度の検査のための標準養生供試体の材齢m日における3回の試験結果の平均値
$\bar{X}'m$：構造体コンクリートの圧縮強度の検査のための標準養生供試体の材齢m日における3回の試験結果の平均値
$\bar{X}''n$：構造体コンクリートの圧縮強度の検査のための構造体温度養生供試体の材齢n日における3回の試験結果の平均値

出典：「建築工事標準仕様書・同解説 JASS5（2009年版）」（社）日本建築学会

強度試験

圧縮強度試験とは何か

　構造体コンクリートの圧縮強度の検査は、構造体に打ち込まれたコンクリート強度が設計基準強度あるいは耐久設計基準度を確保していることを確認するために行うものです。また、型枠解体時期の決定にも用いられます。構造体コンクリートの圧縮強度の検査のための円柱供試体は、工事現場の荷降地点またはポンプの筒先で採取した試料からつくり、構造体コンクリートの検査ロットは、打ち込み日ごと、打ち込み工区ごととし、そのコンクリートの打ち込み量が150㎥を超えるときは150㎥ごとに区分します。

具体的な試験方法

　検査のための供試体は、1運搬車から3個採取するのではなく、適当な間隔をあけた任意の3台の運搬車から1個ずつ合計3個採取します。供試体の養生方法は、試験材齢により異なります。

　供試体の個数は、この材齢28日の圧縮強度確認用3個のほか、型枠解体時期決定用にも3個、強度発現状況と28日強度の予測をするための材齢7日での圧縮強度確認用に3個、計9個作製するのが一般的です。

　検査は公的試験機関や第三者検査機関に依頼して行い、監理者は通常強度試験の記録を書面で確認しますが、できる限り検査に立ち会いたいものです。また、7日強度のデータからは28日強度の予測ができるので、異常を早期に把握できます。その場合JASS5やプラントにおける過去のデータを利用します。

　構造体コンクリートの圧縮強度の判定基準は、強度管理材齢28日で現場水中養生の場合、3個の供試体の平均値が品質基準強度以上です。

　暑中・寒中コンクリート、また高強度コンクリートの場合は方法が異なる部分があるので注意しましょう（図79）。

強度試験では、適正な強度が出ていることを確認しましょう

図79

コンクリート供試体圧縮強度試験報告書

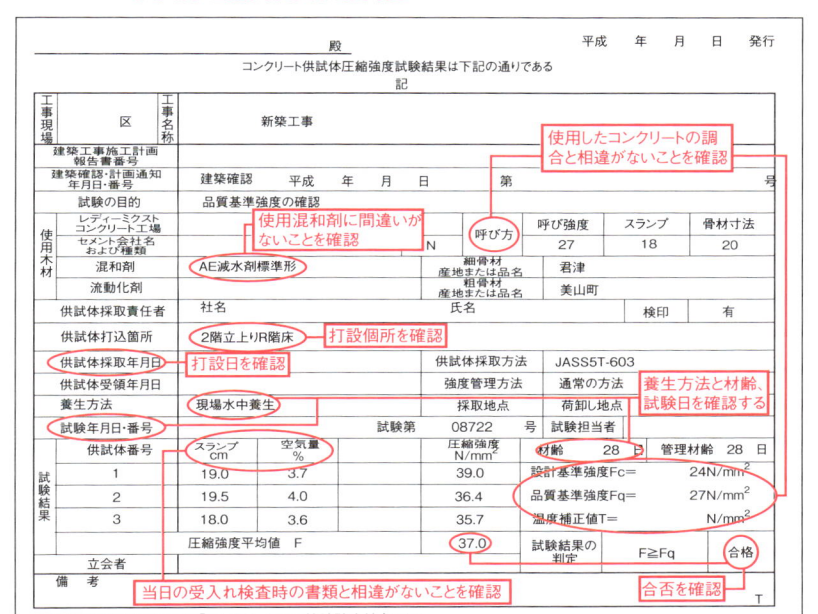

_____ 殿　　　　　　　　　　　　　　　平成　年　月　日　発行

コンクリート供試体圧縮強度試験結果は下記の通りである

記

工事現場	区	工事名称	新築工事					
	建築工事施工計画報告書番号							
	建築確認・計画通知年月日・番号		建築確認	平成　年　月　日		第　　　　号		
	試験の目的		品質基準強度の確認					
使用木材	レディーミクストコンクリート工場				呼び方	呼び強度	スランプ	骨材寸法
	セメント会社名および種類			N		27	18	20
	混和剤		AE減水剤標準形		細骨材産地または品名	君津		
	流動化剤				粗骨材産地または品名	美山町		
供試体採取責任者		社名		氏名			検印	有
供試体打込箇所		2階立上りR階床		供試体採取方法		JASS5T-603		
供試体採取年月日				採取地点		荷卸し地点		
供試体受領年月日				強度管理方法		通常の方法		
養生方法		現場水中養生						
試験年月日・番号				試験第	08722 号	試験担当者		
試験結果	供試体番号	スランプ cm	空気量 %		圧縮強度 N/mm²	材齢	28	管理材齢　28　日
	1	19.0	3.7		39.0	設計基準強度 Fc=		24N/mm²
	2	19.5	4.0		36.4	品質基準強度 Fq=		27N/mm²
	3	18.0	3.5		35.7	温度補正値 T=		N/mm²
	圧縮強度平均値　F				37.0	試験結果の判定	F≧Fq	合格
立会者								
備考								

1. 試験方法はJIS A1108「コンクリートの圧縮試験方法」による
2. 試験年月日・番号・圧縮強度の数値および試験結果の判定以外の記載は依頼者の申告による
3. 試験結果の判定は建築基準法施工例第74条、同条に基づく昭56年建告1102号およびJASS5T-603「構造体コンクリートの強度推定のための圧縮強度試験方法」による

（注記）
- 使用したコンクリートの調合と相違がないことを確認
- 使用混和剤に間違いがないことを確認
- 打設個所を確認
- 打設日を確認
- 養生方法と材齢、試験日を確認する
- 当日の受入れ検査時の書類と相違がないことを確認
- 合否を確認

レディーミクストコンクリートの受入れ検査と構造体コンクリートの圧縮検査

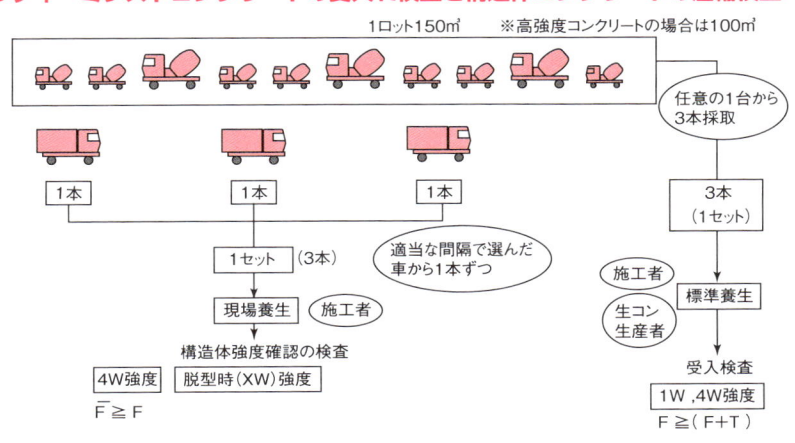

1ロット150m³　※高強度コンクリートの場合は100m³

- 任意の1台から3本採取　→　3本（1セット）
- 適当な間隔で選んだ車から1本ずつ　→　1本×3＝1セット（3本）　施工者

構造体強度確認の検査
- 現場養生（施工者）
- 4W強度　F̄≧F
- 脱型時（XW）強度

受入検査
- 標準養生（施工者／生コン生産者）
- 1W, 4W強度
- F̄≧（F+T）

5　施工の流れと現場で見るべきポイント

養生
（ようじょう）

養生とは何か

コンクリートは打設（だせつ）後の一定期間、急激な乾燥や温度変化・振動・衝撃・荷重などの影響を受けると、強度・耐久性・有害なひび割れなどの初期欠陥を生じることがあります。

これらからコンクリートを保護することを養生と言います。養生は打設してから方法を考えるのではなく、予想気象条件や工程計画などを元に資材を準備して計画的に行いましょう。養生計画は通常コンクリート打設計画書に記載されています（図80）。

3つの養生方法

主な養生としては次の3つがあります。

①湿潤養生（しつじゅん）

コンクリートの乾燥を防ぐには、打設後すぐに散水を行うことが必要です。硬化の初期に適切な水分を与えないと、セメントの水和反応が十分に行われず、強度発現（はつげん）に支障をきたします。また、夏期などは、コンクリート面が露出していると急激に乾燥するため、スラブ上にシートを掛け、直射日光、風などからコンクリートを守り、水分を保ちます。

②養生温度

セメントの水和（すいわ）反応は養生温度が低いほど遅くなります。したがって、寒中コンクリートでは、特殊な養生計画が必要となります（135頁参照）。また、大きな部材断面のマスコンクリートでも、温度管理のための特殊な養生を行います。

③振動・衝撃・荷重対策

まだ十分硬化していないコンクリートに振動・衝撃などの有害な外力が加わると、ひび割れや損傷を引き起こします。また、早期に過大な荷重が加わると見た目には分からなくても長期的にはクリープによってたわみが大きくなり、結果としてひび割れが生じることもあります。そのため、コンクリート打込み後、少なくとも24時間はその上を歩行・作業はしてはなりません。

> 養生は、乾燥・温度変化・振動などからコンクリートを保護します

図80

せき板の存置期間を定めるためのコンクリートの材齢

セメントの種類\平均温度	早強ポルトランドセメント	普通ポルトランドセメント 高炉セメントA種 シリカセメントA種 フライアッシュセメントA種	高炉セメントB種 シリカセメントB種 フライアッシュセメントB種
	コンクリートの材齢（日）		
20℃以上	2	4	5
20℃未満 10℃以上	3	6	8

湿潤養生を打ち切れるコンクリートの圧縮強度（N/㎟）

セメントの種類\計画供用期間の級	一般および標準	長期
早強ポルトランドセメント 普通ポルトランドセメント	10以上	15以上

湿潤養生の期間

セメントの種類\計画供用期間の級	一般および標準	長期
早強ポルトランドセメント	3日以上	5日以上
普通ポルトランドセメント	5日以上	7日以上
その他のセメント	7日以上	10日以上

この3つの表において、例えば普通ポルトランドセメントを見た場合、20℃以上での型枠存置期間は4日で、これは5N/㎟以上の強度が出ていれば型枠を解体してもよいコンクリート材齢である。しかし湿潤養生の期間は5日以上および養生の打切りは圧縮強度が10N/㎟以上であるため、型枠を解体した後の湿潤養生は継続させる

スラブコンクリートのひび割れ原因

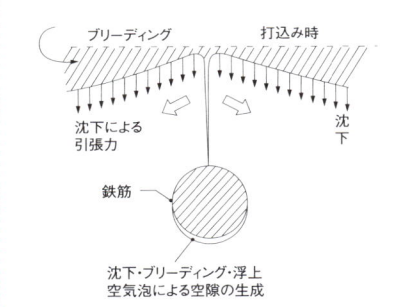

ブリーディング　打込み時
沈下による引張力
沈下
鉄筋
沈下・ブリーディング・浮上空気泡による空隙の生成

柱、梁、スラブ、壁の各所では部材の沈降量や断面、また梁やスラブでは柱や壁に比べて鉄筋などに支えられるため、沈降量が小さいなど、それらに違いがあり、その境目にひび割れが生じやすい。そのため、柱と梁、スラブの取合い部分では梁、スラブ下端で一度打設を止め、締固めでコンクリートの沈降が落ち着いてから再度打ち重ねる

型枠の早期解体によるスラブの沈降

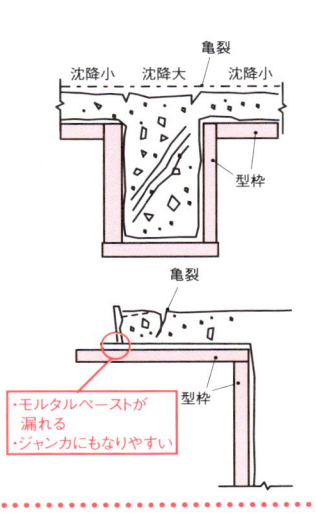

亀裂
沈降小　沈降大　沈降小
型枠
亀裂
型枠

・モルタルペーストが漏れる
・ジャンカにもなりやすい

補修と打放(うちはな)しの表面処理

コンクリートの状態が悪化すると

コンクリート面のトラブルには、断面寸法や不陸(ふりく)などの精度不良、ジャンカやひび割れ、コールドジョイントなどさまざまなものが考えられます。重要な事はそのトラブルが表面的な見映えの問題なのか、構造耐力上・耐久性上の問題なのかを判定することです。欠陥が躯体(くたい)内部にまで及んでいる場合には、必ず構造設計者と協議します（図81）。

トラブルの原因と対策

以下は主なトラブルと手直し方法です。

①ジャンカ

ジャンカとはコンクリートからモルタル分がなくなり、骨材(こつざい)が露出したものです。基本的には脆弱(ぜいじゃく)部分を削り取り、コンクリートを打ち直すか樹脂モルタルを充填(じゅうてん)します。

②ピンホール

コンクリートの空気量が多い場合に起こります。欠損部にポリマーセメントペーストなどを擦り込みます。

③ひび割れ

主には沈みひび割れと乾燥収縮に伴うひび割れです。程度により、ひび割れ部にセメント系注入材やエポキシ樹脂の注入を行います。

打放しの表面処理

コンクリート打放し仕上げは表面が劣化しやすい仕上げです。初期の仕上り状態を維持・保護し、経年による表面劣化や汚れによる変色防止のために、通常表面保護材を使用します。表面保護材は、大きく2つに分類され、塗装系と含浸(がんしん)系があります。両者共に撥水(はっすい)効果を期待する表面保護材ですが、その効果に寿命があり、短いもので1年、長いものでも10年程度で効果が薄れてしまいます。

打放し仕上げでは、色ムラやジャンカなどの不具合個所を隠すために化粧を施す方法も用いられますが、打放し仕上げの良否の判断は難しく、多少のムラについての許容範囲はまちまちです。

躯体表面のトラブルは見映えだけでなく、漏水(ろうすい)や構造上の問題を引き起こすことがあります

図81

不具合とその補修方法の例

不具合の種類・程度			補修方法								
			斫り取って打直し	レジンモルタル充填エポキシ樹脂モルタルなど	エポキシ樹脂注入	セメント系注入材注入	ポリマーセメントモルタル塗付け	ポリマーセメントペーストまたはフィラー塗布・流し込み・擦込み	ポリマーセメントモルタル充填カット・Uカットして	弾性シーリング材充填Vカット・Uカットして	凸部サンダー掛け・研磨
豆板・空洞	かぶり厚さより深い場合	①鉄筋間隔より大	●								
		②鉄筋間隔より小	●	○	○	◎					
	かぶり厚さより浅い場合	③鉄筋間隔より大		○			◎	○			
		④鉄筋間隔より小		○			◎	○			
コールドジョイント		①内部鉄筋が見える場合	●	○					◎	○	
		②内部鉄筋が見えない場合			○	○		◎			
砂じま・表層剥離・表面硬化不良							◎				
表面気泡							◎				
型枠目違い・凹凸							◎				◎
ひび割れ		①沈みひび割れ			○	○					
		②初期乾燥ひび割れ			○						
		③乾燥収縮ひび割れ			○						
		④温度ひび割れ			○						

[凡例] ●：型枠取外し後、できるだけ早期　○：型枠取外し後、仕上材施工前までにできるだけ長期間おいて実施
◎：補修材の養生期間など仕上施工に際して悪影響を及ぼさない時期に実施

出典：「建築工事標準仕様書・同解説 JASS5」(社)日本建築学会

ジャンカの程度と補修方法

判断基準	概念図	補修方法
レベル1 砂利が露出しているが剥落しない (深さ10〜30mm)	(75 ポリマーセメント塗布面)	①ポリマーセメントモルタルを塗布
レベル2 剥落する砂利がある (深さ10〜30mm)	(75 ポリマーセメント塗布面)	①表層部をはつり取る ②ポリマーセメントペーストなどを塗布 ③ポリマーセメントモルタルなどを充填
レベル3 鉄筋が見えるほど深い (深さ30〜100mm)	(150 ポリマーセメント塗布面)	①ジャンカを除去 ②無収縮モルタルグラウト ③表層にポリマーセメントペーストを塗布
レベル4 砂利を叩くと連続的に剥落する (深さ100mm以上)	(勾配に注意 150 型枠 コンクリート ポリマーセメント塗布面)	①ジャンカを除去 ②コンクリート打設 ③ポリマーセメントペーストを塗布

出典：「現場管理」井上書院

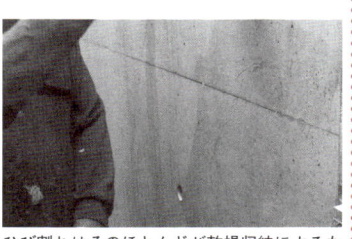

ひび割れはそのほとんどが乾燥収納によるものである。そのためひび割れの補修は薬剤の注入により補修を行うが、確実に行わなければ再発することもあるので注意する

ジャンカの補修には簡易なものから重大なものまであるが、いずれも漏水の原因となるので確実に処理し、防水テストを行う

目地と止水対策

止水対策は必要不可欠

建築物で最も配慮すべき問題の1つに漏水対策が挙げられます。鉄筋コンクリート造の躯体では必ずコンクリートを打ち継ぐ部分があり、その部分が止水上の弱点となります。また躯体の乾燥収縮に伴うひび割れも止水上の弱点です。

打継ぎ部の止水対策

躯体の打継ぎ部には打継ぎ目地を必ず設け、確実にシーリングをします。特に外部から随時水の浸入のおそれがある地下外壁部分では、打継ぎ部に止水板を設置し、内部への水の浸入を確実に防ぐようにします。止水板の設置方法は使用するものにより多少異なりますが、一般に厚さ10㎜、幅100㎜程度のブチルゴム系の細長い板を、今回打設する部分と次回打設する部分の打継ぎ部に設置します。

躯体内部に取り付ける方法もありますが、梁筋と干渉して適切に埋め込めなかったり、コンクリート打設時に倒れたり、止水板のジョイント部が開いたりするので、山留め壁には設置しますが、一般的ではないでしょう。

ひび割れの止水対策

外壁のひび割れの止水対策としては、誘発目地を設けるのが一般的です。誘発目地は適切な個所の外壁に、壁の断面の2割程度を欠損させたもので、この部分に集中的にひび割れを誘発させるものです。誘発目地にはシーリングによる防水を行います。一般的に3m間隔で設置しますが、スパンの長さ、開口部の位置・大きさ・形状も考慮して必要な位置に設けるとよいでしょう。

誘発目地の位置は、本来設計段階で決めておくもので、タイルや石などの仕上げ工事とのかかわりがあるため、目地を設けるべき個所について監理者は構造設計者や施工管理者とよく協議しておく必要があります（図82）。

漏水の起こりそうな個所には適切な目地や止水対策などを行います

図82

水平打継ぎ目地

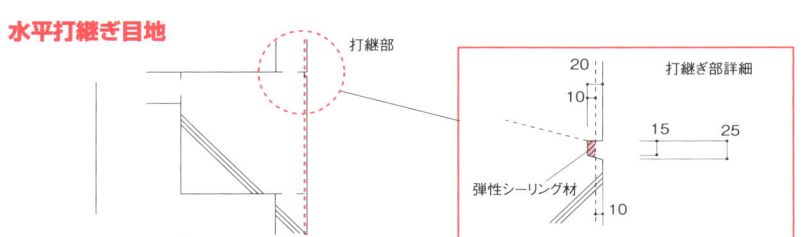

打継部

打継ぎ部詳細

20
10
15 25
弾性シーリング材
10

打継ぎ部の止水対策

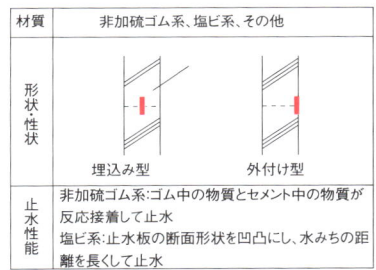

材質	非加硫ゴム系、塩ビ系、その他
形状・性状	埋込み型 / 外付け型
止水性能	非加硫ゴム系：ゴム中の物質とセメント中の物質が反応接着して止水 塩ビ系：止水板の断面形状を凹凸にし、水みちの距離を長くして止水

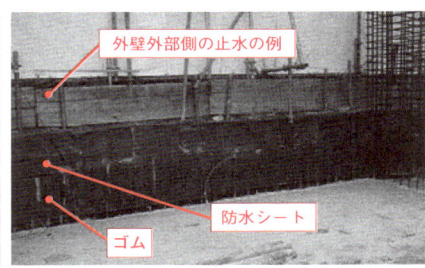

外壁外部側の止水の例
防水シート
ゴム

外壁外部の止水例

誘発目地の構造

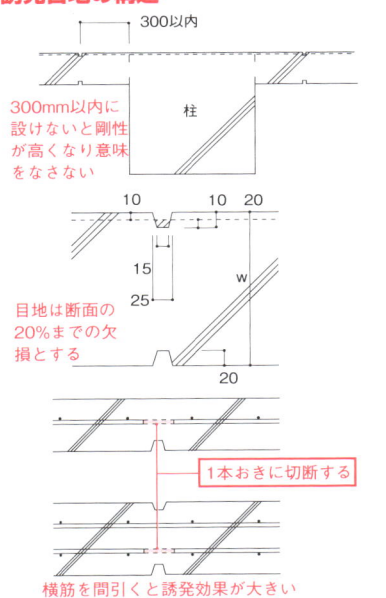

300以内
柱

300mm以内に設けないと剛性が高くなり意味をなさない

10 10 20
15
25 w
20

目地は断面の20％までの欠損とする

1本おきに切断する

横筋を間引くと誘発効果が大きい

誘発目地の設置例

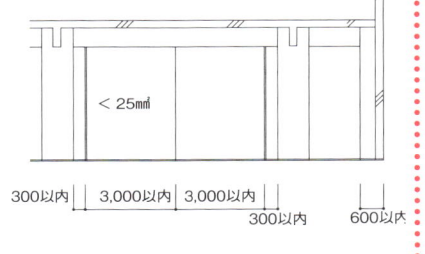

< 25㎟

300以内 | 3,000以内 | 3,000以内
300以内 600以内

開口部廻りの目地例

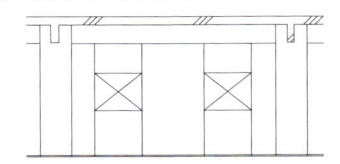

開口廻りのひび割れは漏水にもつながるため、できる限り設けるようにする。バルコニーや手摺壁、庇にも適宜誘発目地を設ける

5 施工の流れと現場で見るべきポイント

145

型枠の種類と構成部材

型枠の種類

　鉄筋コンクリート造の建物の品質は、躯体コンクリートの精度に大きく影響され、これは型枠工事に左右されるものです。

　型枠は、コンクリートに直接接するせき板と、せき板を支える支保工、せき板と支保工を緊結する締め付け金物(セパレータ・フォームタイ)などから構成されています。

　型枠を構成するせき板には、主に基礎などに使われる金属製のものや断熱複合板などがありますが、一般的にコンクリート型枠用合板(コンパネ)が使われます。監理者は、適切な材料が納入されているか、受入れ検査を行うことが望まれます。

　支保工はせき板を所定の位置に保持するためのものです。梁やスラブのせき板を受ける大引や根太、支柱(サポート)、そのほか仮設梁や筋かい、チェーンなどで構成されています(図83)。

型枠工事の重要性

　型枠の設計・組立てにおいては、先に述べた各種材料・器具に欠陥があるとコンクリート打ち込み時に崩壊などの大事故発生の原因になりかねないので、基本的には、㈳日本建築学会「型枠の設計・施工指針案」に基づいた設計施工になります。

　型枠の建込み精度は、コンクリート面を仕上がり下地とする場合に最も影響を及ぼすため、専門工事会社や施工管理者による自主検査の記録を確認しましょう。

　建込みの検査は、型枠が完全に建て込まれてから行うと、修正のために不必要な時間と費用を要することになります。スラブの型枠を組む前に一度、最終的に型枠が組み上がってから再度、の2度に分けての検査を、施工計画書に明示されている型枠精度の基準値と測定方法を事前に確認の上、実施します。

> 型枠工事は、建物の品質に大きな影響を与えます

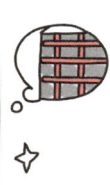

図83

型枠の構成部材

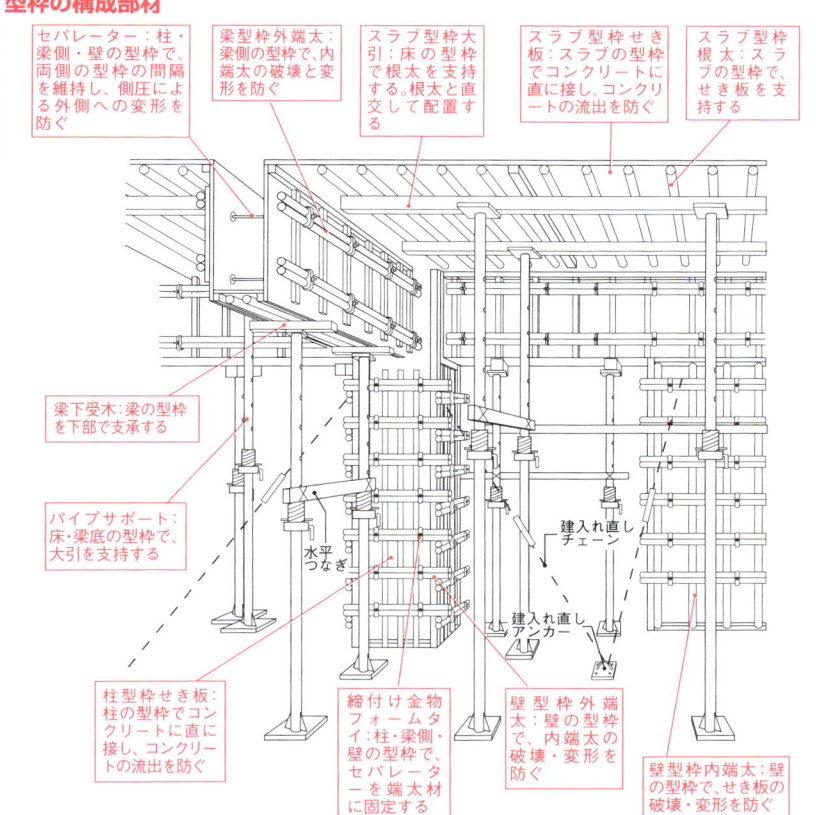

- **セパレーター**：柱・梁側・壁の型枠で、両側の型枠の間隔を維持し、側圧による外側への変形を防ぐ
- **梁型枠外端太**：梁側の型枠で、内端太の破壊と変形を防ぐ
- **スラブ型枠大引**：床の型枠で根太を支持する。根太と直交して配置する
- **スラブ型枠せき板**：スラブの型枠でコンクリートに直に接し、コンクリートの流出を防ぐ
- **スラブ型枠根太**：スラブの型枠で、せき板を支持する
- **梁下受木**：梁の型枠を下部で支承する
- **パイプサポート**：床・梁底の型枠で、大引を支持する
- **柱型枠せき板**：柱の型枠でコンクリートに直に接し、コンクリートの流出を防ぐ
- **締付け金物フォームタイ**：柱・梁側・壁の型枠で、セパレーターを端太材に固定する
- **壁型枠外端太**：壁の型枠で、内端太の破壊・変形を防ぐ
- **壁型枠内端太**：壁の型枠で、せき板の破壊・変形を防ぐ

水平つなぎ
建入れ直しチェーン
建入れ直しアンカー

出典：「型枠の設計・施工指針集」（社）日本建築学会

釘留め2カ所確認

スラブ底のパイプの間隔が300以下であることを確認

型枠建込みの上部の状況（スラブ建込み前）

5　施工の流れと現場で見るべきポイント

打放し・階段・開口部の型枠

せき板の品質管理

コンクリート打放し仕上げは型枠を脱型したコンクリート表面が、そのまま仕上げとなるので、せき板の品質や型枠の精度が非常に重要となります。

打放し仕上面に使用されるせき板には、コンクリート型枠用合板に、表面はウレタン・アクリルなどの樹脂塗料で塗装した表面加工品を使用します。また、原則転用せず、毎回新品を使用します。

型枠の工夫

打放し仕上げでは、①型枠の歪みを防ぐ「締付け防止治具」を使用する、②パネル面に打つ釘のピッチを揃える、③コンクリート打設前の建入れ精度の検査と合板の目違いの検査を徹底させる、などがあります（図84）。

階段の型枠

打設時に踏面からコンクリートが吹き出さないように、空気孔など施工上の工夫を行う必要があります。

階段の型枠は水平面が細かく分かれており、鉛直部材が少なく、周囲の架構と接しています。また、各所で寸法の整合性が要求されます。加えて、階段の型枠は構造や意匠によってさまざまな形状があり、型枠工事の中でも最も難しく手間が掛かる部分でもあります。

階段の型枠施工では階高・踊り場・蹴上げ・踏面など各所の原寸図の作成が必要とされます。仮組みを行い、確認した後に現場で組み込まれます（図85）。

開口部の型枠

開口部の躯体形状は防水性能に大きく影響するので、勾配や抱きなどの形状に注意します。開口部廻りの型枠は、サッシの種類と位置関係、内外の仕上がりを考慮し寸法を決定しなければなりません。型枠の設置では、サッシアンカーの位置、水切部欠込み寸法、開口部寄り寸法・高さ位置など、正確に組み込みます（図86）。

鉄筋コンクリート造の仕上がりの善し悪しは型枠で決まります

図84

打放しの型枠

締付け防止治具

精度確保を意識するあまり、締め付けを過度に行ってしまうと、かえって歪みや精度不良の原因となるので締付け防止治具を使用して防ぐ

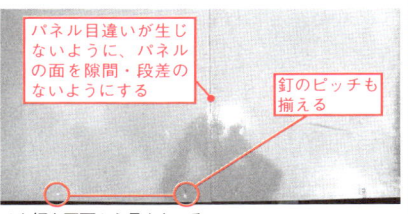

パネル目違いが生じないように、パネルの面を隙間・段差のないようにする

釘のピッチも揃える

せき板を正面から見たところ。表面の施工精度を確認する

図85

階段の型枠（上面）

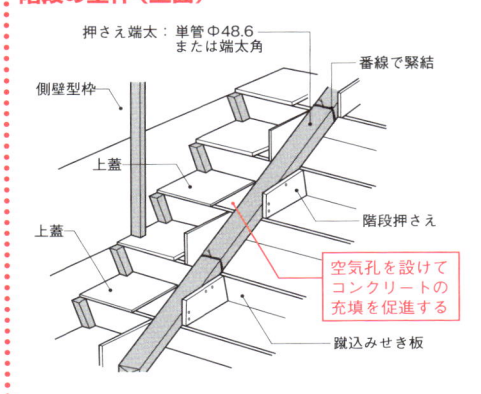

押さえ端太：単管Φ48.6または端太角
側壁型枠
上蓋
番線で緊結
階段押さえ
空気孔を設けてコンクリートの充填を促進する
蹴込みせき板

吹き出し部に上蓋をしてコンクリート打設時の吹き出しを防ぐ。このとき左図にあるように空気孔を設けることで充填状況を確認する

図86

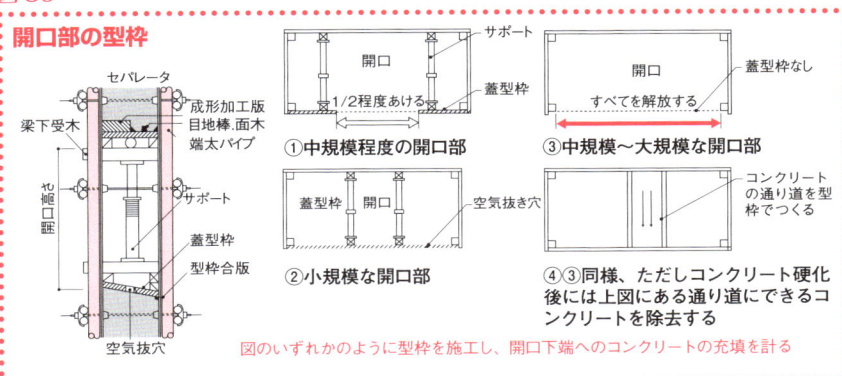

開口部の型枠

セパレータ
成形加工版
目地棒,面木
梁下受木
端太パイプ
サポート
蓋型枠
型枠合板
空気抜穴

サポート
開口
1/2程度あける
蓋型枠
① 中規模程度の開口部

蓋型枠
開口
空気抜き穴
② 小規模な開口部

開口
蓋型枠なし
すべてを解放する
③ 中規模〜大規模な開口部

コンクリートの通り道を型枠でつくる
④③同様、ただしコンクリート硬化後には上図にある通り道にできるコンクリートを除去する

図のいずれかのように型枠を施工し、開口下端へのコンクリートの充填を計る

階段の施工

床仕上材を早めに決める

階段は設計図（意匠図）と構造図の照合から進めます。平面図で大まかに通り芯、壁芯からの階段位置を確認し、設計図の仕上材仕様書に選定されている各階と階段の床仕上材を確認します。床仕上材の選定・決定は、建て主の確認も必要となるので早期に選定します。

チェックの流れ

施工図は、選定した床仕上材料（木、石、長尺シート、カーペット、モルタルほか）などの厚さを考えて、施工仕上げ代や施工方法が十分に検討された施工図（コンクリート躯体寸法）となっているか確認します。

また、階高で段数を割付けますが、下階の床仕上げ代と上階の床仕上げ代が、仕上材の違いによって躯体の逃げ寸法が違ってくることがあるので注意深く確認します。

床仕上面からは、踏面と蹴込の納まり（蹴込を下げる・同面・斜め）などの確認と決定によって、躯体の逃げ寸法をチェックします。

階段室の平面図からは、開口（防火戸・出入口）位置や、柱・壁・梁などの構造躯体の仕上面の位置を決定し、さらに上記の施工逃げ寸法を考慮して1段目の始まり、最上段の終わり、踏面寸法、蹴上寸法、踊り場寸法、階段の内法寸法が設計図通りに納まるのか、階段室全体の仕上がった状態を想定しチェックすることとなります。また、法規的な要素も施工図上で再確認する必要があります。

施工図では、手摺足の埋め込み・アンカーの位置、出隅・入隅、スラブ面の化粧目地などの躯体欠き込みが表現されるため、階段手摺や飾り形状の仕様・位置はこの段階までに確認・決定しておきます。

また、階段の施工逃げ寸法を見過ぎて、階段スラブ下の使い勝手に支障をきたすこともありますので、上下階の総合的な検討と判断も重要になります（図87）。

> 階段は取り合う床・壁・梁などの仕上げに注意しながら施工図を確認します

図87

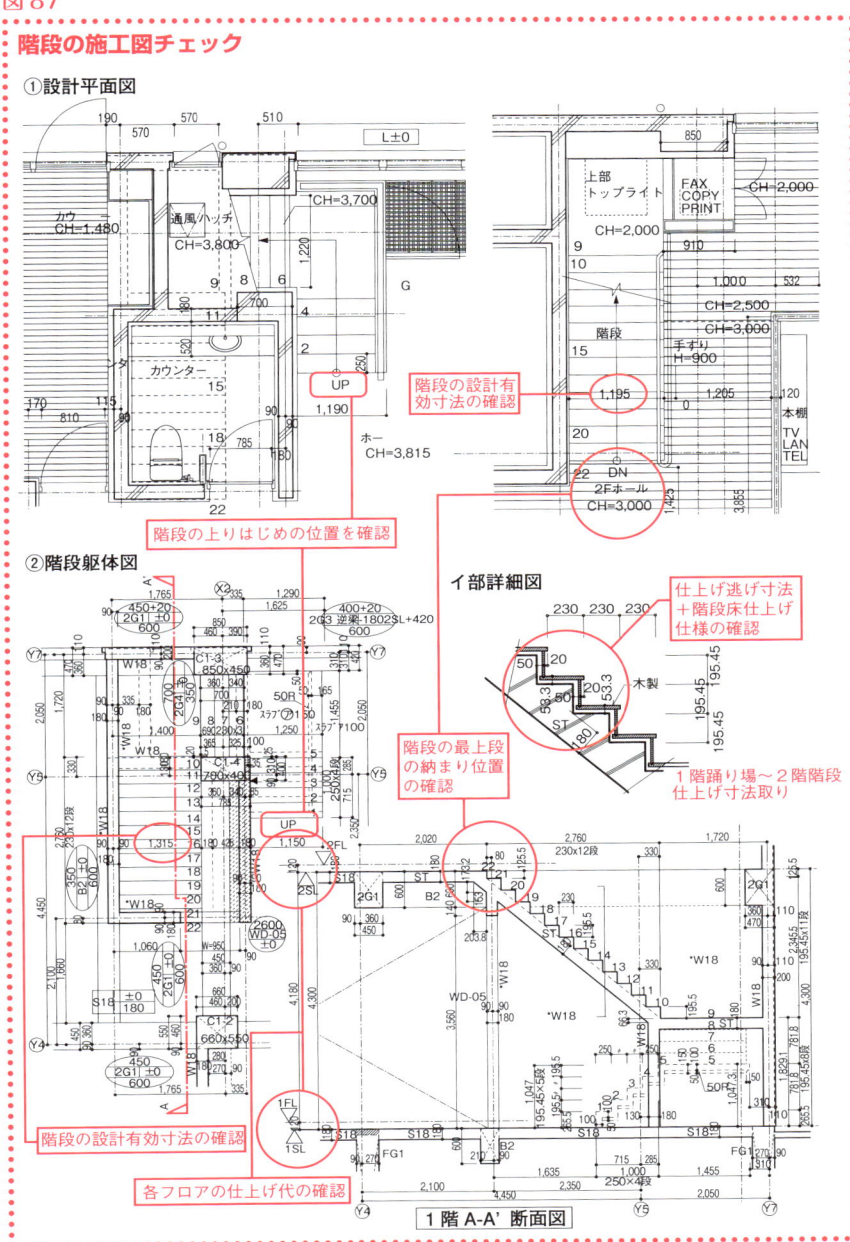

階段の施工図チェック

① 設計平面図

- 階段の設計有効寸法の確認
- 階段の上りはじめの位置を確認

② 階段躯体図

イ部詳細図
- 仕上げ逃げ寸法＋階段床仕上げ仕様の確認
- 1階踊り場〜2階階段仕上げ寸法取り
- 階段の最上段の納まり位置の確認

- 階段の設計有効寸法の確認
- 各フロアの仕上げ代の確認

1階 A-A' 断面図

5 施工の流れと現場で見るべきポイント

各種の割付図

パネル割付図

　コンクリート打放しでは、パネル（合板）の割付けは意匠的に大きな要素を占めます。型枠は十分な強度と精度、型枠解体後の仕上げ美観まで要求されるわけです。

パネル割付図で確認すること

　割付図では横方向の割付けでは左右に半端か片側に半端か、縦方向の割付けでは上下に半端か片側に半端かを意匠的に判断し決定します。また、型枠組立て用のセパレーター個所がPコン穴として表れるため、Pコン割りも併せて検討します。

　パネル割りは打放し表面だけでなく出隅・入隅にも注意が必要です。出隅は面木を入れた角切か角出し（ピン角）か、入隅は合板の小口をどの面にするか、などを考慮する必要があります。

タイル割付図

　監理者は施工管理者からタイル割付図と納まり詳細図を受け取り、確認・承認します。タイルの割付けは、タイルの割付け優先で外壁の躯体を増し打ちする方法と、躯体寸法優先でタイルの切り物・目地で調整する方法があり、これらを最初に決める必要があります。

　見本で承認したタイルの種類と張りパターン（通し目地・馬踏み目地など）で割り付けられているか。建物全体の中でタイルを張る範囲の割付図ができているか。タイル目地の縦方向は各階のCFライン間で割り付けられているか。タイル目地の水平方向は張る壁面ごとか全体で、躯体の構造スリット・伸縮目地間に割り付けられているか。躯体水平目地とタイル目地の納まりはどうか。等々注意が必要です。

　さらに、構造スリットや伸縮目地をタイルがまたいでいないか、開口部などはタイル割付けの中に納まっているか、出隅（小口曲りか大曲りか）・入隅（主視線方向からの見え方が重要）の納まりは適切か、等々を注意深くチェックをします（図88・89）。

> Pコンの施工のポイントを理解したうえで、位置をバランスよく割り付けましょう

図88

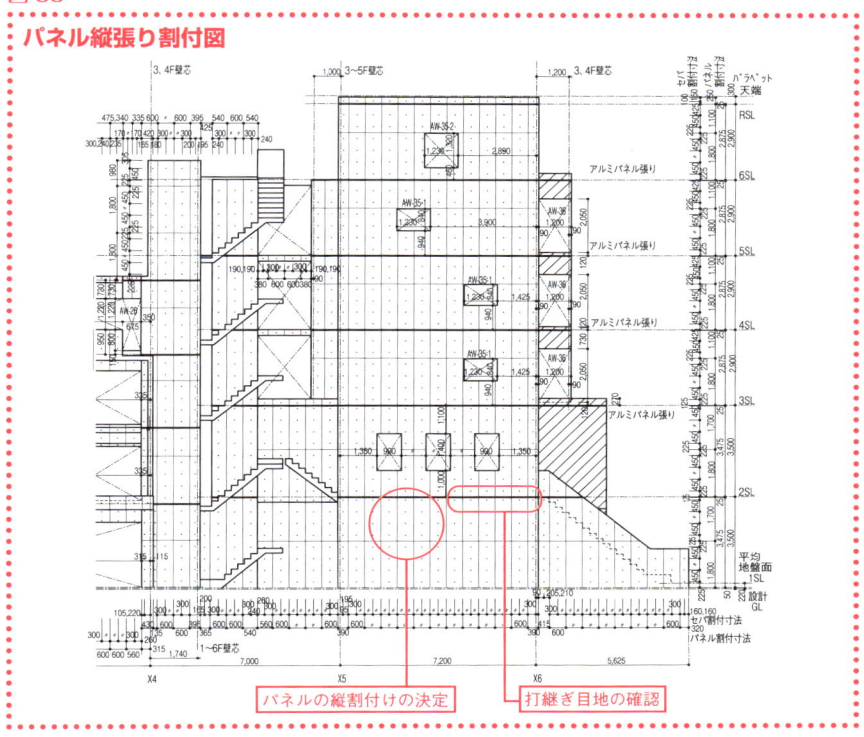

パネル縦張り割付図

パネルの縦割付けの決定

打継ぎ目地の確認

図89

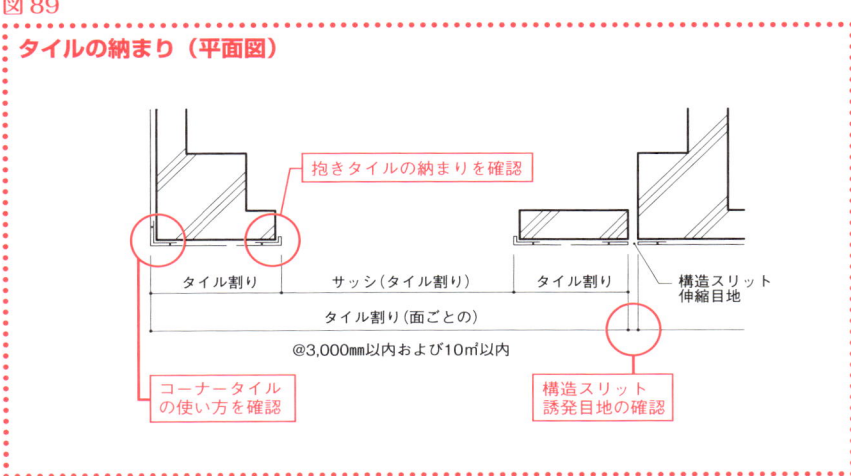

タイルの納まり（平面図）

抱きタイルの納まりを確認

タイル割り ／ サッシ（タイル割り） ／ タイル割り ／ 構造スリット伸縮目地

タイル割り（面ごとの）
@3,000mm以内および10㎡以内

コーナータイルの使い方を確認

構造スリット誘発目地の確認

5 施工の流れと現場で見るべきポイント

コラム
打放しコンクリートの魅力

打放しの素材感

　鉄筋コンクリート造の躯体工事において、意匠的に魅力的な仕上りとして、第一に打放しコンクリートが挙げられます。せき板の組立て・建て込みを行い、型枠をつくり上げ、その中にコンクリートを流し込むだけという施工方法だけを考えれば実に単純ではありますが、その構造体自身を仕上げとしてしまう表現方法とコンクリートの素材感は、木造のそれともまた違い、重量感と荒々しさがあり実に美しいものです。

　打放しコンクリートの仕上りにおいては、ウレタンなどの樹脂塗装された合板を用いて光沢を発現させる方法と、スギ板などのムク材を用いてその凹凸で木目を発現させる方法、また、小叩きといった骨材の凹凸を見せる方法などさまざまな演出方法があるので、建て主の意見を聞き、建物全体を打放しとするのかまたは、内外部や室の用途ごとにするのか計画します。

見た目を維持する工夫

　打放しコンクリートでは、コンクリート打設技術や打設工事までの管理といった施工的な面が注目されがちではありますが、設計上の納まりでも注意しなければならないポイントがあります。

　コンクリート打放し部分で引渡し後、建て主が嫌うことの1つに雨垂れによる外観の汚れが挙げられます。これについては設計上で各所での徹底的に水を切る納まりの検討や工夫が要求されます。たとえばパラペットの笠木やサッシの水切形状、手摺壁の形状や躯体の無用な凹凸などは雨が上がった後の雨垂れの跡に影響します。

　また、コンクリートの充填がしやすい躯体形状や配筋計画など、打設がしやすいように設計上で考慮しておくことも美しい打放しを実現するポイントです。

　近年ではこうした汚れを防止するフッ素のクリア塗装や光触媒なども開発されていますが、いまだ耐久性が明確でない部分があります。選定の際にはメーカーとよく打ち合わせし、実績や保証、実際に施工した物件を確認することも重要となります。

樹脂塗装合板打放しの例

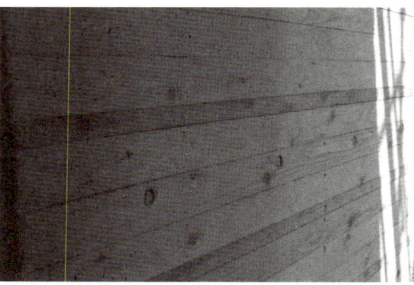

スギ板本実打放しの例

第6章

設備の考え方と設備工事の勘どころ

設備計画の基本

現地調査

　設備計画を始める前に、現地調査、インフラの調査、所轄官庁などとの打ち合わせを行う必要があります。

　現地調査では、実際に現地に赴き、現地や周辺の状況を見ておきます。さらに、写真を撮っておけば、設計が始まったときの参考となります。

　現地では配管状況の確認も行います。給水・ガスに関しては、既存管の有無、本管の位置を、排水に関しては、公設桝の位置・深さ、本管の位置（マンホールで確認）、分流、合流の調査を行います。分流には、U字溝や雨水専用の本管があります。

　電気、電話は、電柱の位置を確認し、電柱番号を控えておくと、電力会社との打ち合せ時に便利です。計画建物の入口前に電柱があることもあるので、必ず確認します。また、CATV、インターネット回線の有無も調べておきます。

　また、隣の建物と境界線の関係、隣の建物の窓の位置も確認しましょう。これは、排気口の位置、音の出る機器の位置にかかわってきます。敷地、道路の高低差についても、排水ルートにかかわるので確認しておきます（図90）。

インフラの調査

　インフラの調査は、その所轄官庁、供給会社に赴くことになります。水道局、ガス会社、下水道局、電力会社、NTTなどがこれに当たります。ここで調べることは、本管サイズ、本管などの位置、引込み口径、水圧、公設桝の深さ、排水が合流か分流などです。

　また、所轄の担当者と打ち合わせをし、引込み管の口径・水圧の確認（給水方式にかかわる）、システムの確認、電気の供給確認（電気計画をしておく）などを行います。地域により負担金や加入金が発生するので、確認しておく必要があります。

> 設備計画前には、現地調査、インフラの調査、所轄官庁などとの打ち合わせを行いましょう

図90

近隣の状況（左）と窓の位置。排気を出す位置、音の出る機器を設置する個所の目の前に隣の窓がないように注意する

道路状況。排水ルートなどにかかわるので道路勾配も確認する

道路状況（左）と公設桝。公設桝の位置、深さを調査する

ガス管の引き込み位置の確認をする

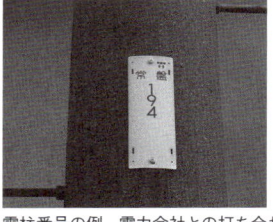

電柱番号の例。電力会社との打ち合わせのため、電柱番号、電柱の位置を調査する

敷地内に量水器があるかどうかを確認する

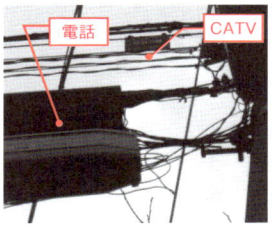

電柱に載っているCATV、電話があるかどうかを確認をする

USENのインターネット回線を導入する場合、USENの回線が近くに届いているかを確認する

敷地内にある量水器の位置を調査。蓋を開け、メーターサイズが分かれば確認する

6 設備の考え方と設備工事の勘どころ

給排水・衛生設備

給水システムの種類

給水計画は、建物の使用水量を計算し、水道局で確認してきた本管サイズ、水圧、負担金、加入金などを考慮して行うようにします。中小規模建物の給水システムには、水道直結方式、直結増圧給水方式、受水槽＋加圧ポンプ方式などが考えられます。

中小規模建物には水道直結方式が一般的です。直結増圧ポンプ方式は、水圧または引込み口径（水量）が不足している場合に採用されます。受水槽＋加圧ポンプ方式は、受水槽の6面点検、ポンプの点検スペースが必要なため、広いスペースの確保が必要です。

給水システムが決定したら、量水器、ポンプ、受水槽の位置を決めます。

排水・通気システム

排水の種類には、汚水、雑排水、雨水の3種類があります。汚水はし尿排水（トイレ）で、雑排水はその他の生活排水（浴室、台所、洗面、洗濯）です。

屋内の排水方法には、汚水、雑排水を一緒に排水する合流式と、汚水、雑排水を各々排水する分流式があり、中小規模建築では合流式が一般的です。排水管には通気設備を設けます。理由は、圧力変動を抑え排水の流れをよくすること、トラップの封水を保護すること、排水管内を換気し清潔に保つことなどです。

中小規模建物の通気設備の主なものには、伸頂通気、ループ通気があります。伸頂通気は排水竪管をスムーズに排水させるシステムで、ループ通気は横引き管をスムーズに排水させるシステムです（図91）。

地下に水場やドライエリアがある場合は、排水槽を設けてポンプアップで排水します。排水槽には、汚水槽、雑排水槽、雨水槽などがあります。汚水と雑排水を一緒にしたのが合併槽です。屋外の排水桝には、インバート桝、溜め桝、トラップ桝などがあります。

給水システムは、衛生面やメンテナンス、コストなどを比較検討して決定しましょう

図91

給排水衛生設備系統図

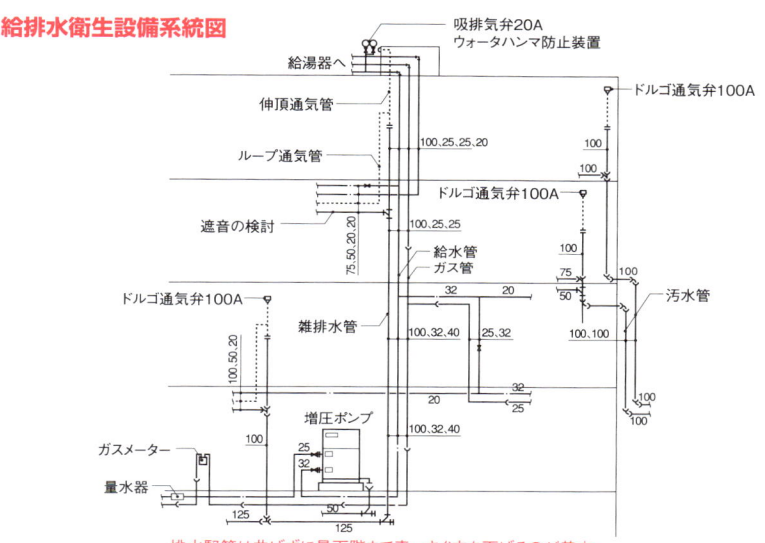

- 吸排気弁20A
- ウォータハンマ防止装置
- 給湯器へ
- ドルゴ通気弁100A
- 伸頂通気管
- ループ通気管
- ドルゴ通気弁100A
- 遮音の検討
- 給水管
- ガス管
- ドルゴ通気弁100A
- 汚水管
- 雑排水管
- ガスメーター
- 増圧ポンプ
- 量水器

排水堅管は曲げずに最下階まで真っすぐ立ち下げるのが基本

ループ通気方式

- 最高位のあふれ縁より150mm以上
- 通気横枝管
- ループ通気管
- 器具排水管
- 排水堅管
- 排水横枝管
- 通気堅管

ループ通気のルートは①②とある

伸頂通気方式

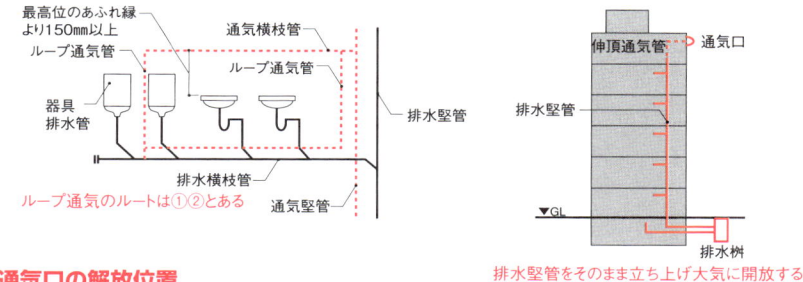

- 伸頂通気管
- 通気口
- 排水堅管
- ▼GL
- 排水桝

排水堅管をそのまま立ち上げ大気に開放する

通気口の解放位置

①建物の窓・通気口・外気取入れ口・出入口などに近接する場合

隣接建物／通気口／窓など
H≧600mmまたはD≧3m

②屋上が庭園・屋上広場などに利用される場合

塔屋／通気口
▼屋上面
H≧2m

③ ①②の条件がない場合

塔屋／通気口
▼屋上面
H≧200mm

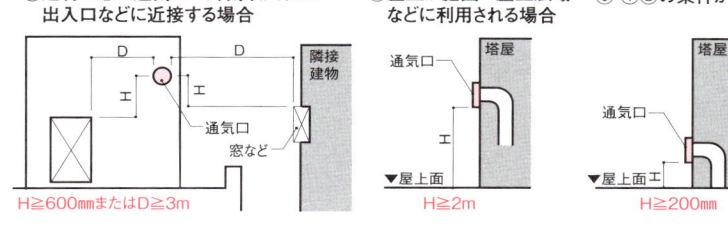

通気口は臭気の問題があるため、開放位置が限定される

6 設備の考え方と設備工事の勘どころ

給湯設備の考え方

給湯設備の熱源の選定

　中小規模建物の給湯設備の熱源には、ガス給湯器、電気温水器、エコキュートなどがあります。選定のポイントは、エネルギーの種類、機器の設置スペースの有無、イニシャルコスト、ランニングコストの考え方です。

　ガス給湯器のエネルギーはガスであり、省スペースで設置できます。しかし、排気が高温で、燃焼空気が必要となり、設置規準があります。

　電気温水器のエネルギーは電気であり、機器の設置に1㎡程度のスペースが必要となります。シャワーへの給湯も行うので、高圧力型を選定します。

　また、電気の契約方法は、電化上手、時間帯別電灯、従量電灯、深夜電力（東京電力管内）など多数あるので、使い勝手を考慮して決定します。

　エコキュートは、ヒートポンプでお湯をつくるため、効率がよく省エネという利点がありますが、イニシャルコストがやや割高となります。また、貯湯槽、室外機があるため、スペースも必要となります（図92）。

計画のポイント

　最初に、熱源機の位置を決定します。水場から熱源機の位置が遠いほど出湯時間がかかりますので、住宅などでキッチンと浴室が離れている場合には、熱源機を2台設けたり、配管を循環方式にしたりします。電気温水器、エコキュートなどは前記の方策は不可能なので、出湯時間がかかることが多く、出湯時間を短くする設置位置を考慮する必要があります。

　次に、熱源機の能力、容量、追焚きの有無などを決めます。ガス給湯器の場合は、16号、20号、24号などの能力があり、電気温水器、エコキュートでは貯湯槽の容量が各種存在します。水栓の数、同時使用率、浴槽容量を考慮して決定します。また、建て主の要望、生活環境の把握も必要です。

給湯設備は熱源、機器の設置スペースの有無、イニシャル、ランニングコストから選択しましょう

図92

給湯方式選定のための系統図

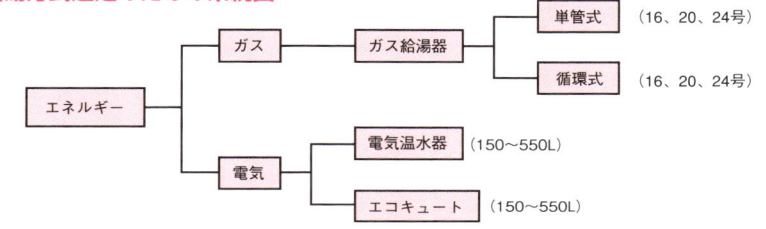

```
エネルギー ─┬─ ガス ─── ガス給湯器 ─┬─ 単管式 （16、20、24号）
            │                          └─ 循環式 （16、20、24号）
            └─ 電気 ─┬─ 電気温水器 （150〜550L）
                     └─ エコキュート （150〜550L）
```

屋外ガス給湯機と建築物などとの隔離

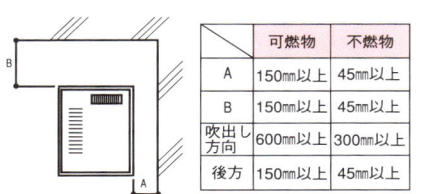

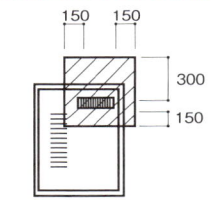

	可燃物	不燃物
A	150mm以上	45mm以上
B	150mm以上	45mm以上
吹出し方向	600mm以上	300mm以上
後方	150mm以上	45mm以上

ガス給湯器には設置基準があるので確認が必要

廃棄吹出口と開口部（可燃物）との隔離

150 150
300
150

2方向または吹出し側に障害物がある場合（平面）

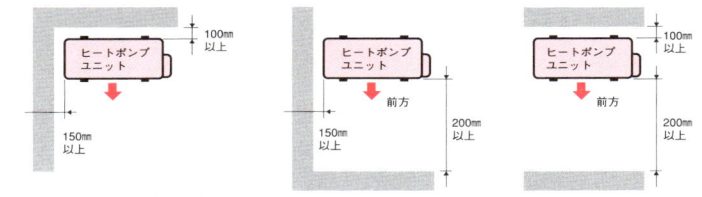

ヒートポンプユニット　100mm以上　150mm以上

ヒートポンプユニット　前方　150mm以上　200mm以上

ヒートポンプユニット　前方　100mm以上　200mm以上

障害物があると熱交換の効率が落ちてしまう

電気温水器の貯湯槽寸法

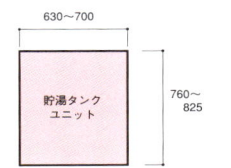

630〜700
貯湯タンクユニット
760〜825

メンテナンススペース（平面）

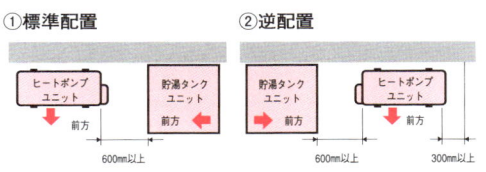

①標準配置

ヒートポンプユニット　前方　→　←　前方　貯湯タンクユニット
600mm以上

②逆配置

貯湯タンクユニット　前方　→　←　前方　ヒートポンプユニット
600mm以上　　300mm以上

前面はメンテナンスのため600mm程度のスペースが必要

6　設備の考え方と設備工事の勘どころ

配管ルートの考え方

配管ルートと配管スペース

　配管ルートは最も合理的で経済的なルートで計画します。給湯管が長ければ出湯に時間がかかり、排水管が長ければ適正な勾配がとれません。また、メンテナンスも考慮し、系統ごとにバルブを取り付け、点検口の位置も検討します。

　距離の短い排水管であれば床下配管の場合で200mm程度の床下寸法で納まり、天井配管の場合も300mm程度の天井懐寸法で納まります。

　天井の場合は、ダクト、エアコンなどの空調関係も併せて検討します。PS（パイプスペース）の場合はたとえ平面図で配管が納まっていたとしても、施工の際に必要なスペースや、配管の位置、梁の有無、最上階の設置について考慮する必要があります。

　上下階でPSが通っていない場合は、排水で問題が起こる可能性があります。また、PSは最上階では必要なくなると思われがちですが、伸頂通気管があるので、最上階でもPSは必要になります。また、PSが梁廻りでうまく納まっていない場合もあり、たとえば、PSが梁の上にあり、実際に貫通できるスペースを確認すると、排水管や配管が貫通できないこととなりますので注意が必要です（図93）。

鉄筋コンクリート造の躯体埋設配管

　器具廻りの配管で、給水管、給湯管を鉄筋コンクリート躯体内に埋設するケースがありますが、躯体の欠損となるので避けたほうがよいでしょう。ふかした部分に埋設する場合でも、鉄筋コンクリート躯体に十分な遮音性が確保できる構造にしておかないと、埋設個所から流水音が聞こえてしまうこととなり、問題を生じます。

　在来浴室の壁の埋込みのシャワーなどで埋設配管としなければならない場合は、保温材などを巻いて、十分余裕のあるふかし壁に埋設するようにしましょう。

> 配管ルートは最も合理的で経済的なルートで、メンテナンスのしやすさも考慮して計画します

図93

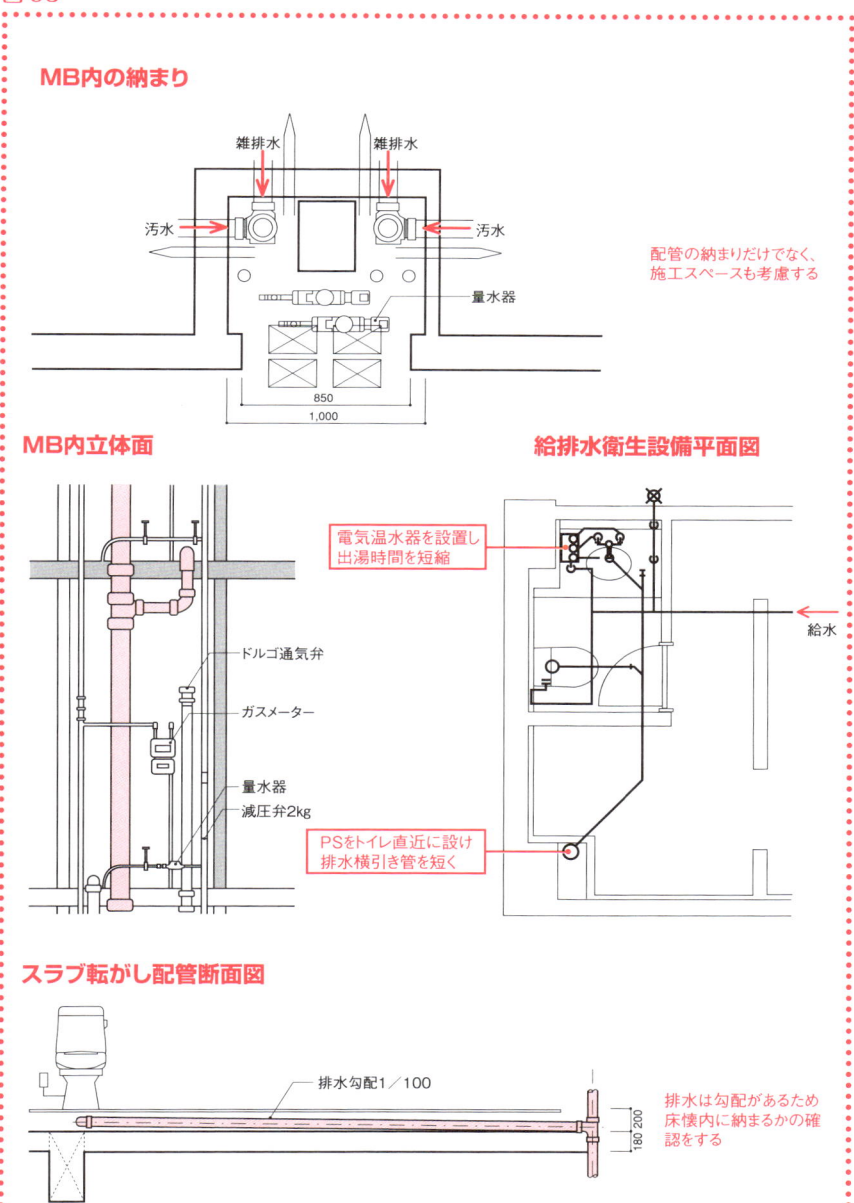

MB内の納まり

雑排水　雑排水
汚水　汚水
量水器
850
1,000

配管の納まりだけでなく、施工スペースも考慮する

MB内立体面

ドルゴ通気弁
ガスメーター
量水器
減圧弁2kg

給排水衛生設備平面図

電気温水器を設置し出湯時間を短縮

給水

PSをトイレ直近に設け排水横引き管を短く

スラブ転がし配管断面図

排水勾配1/100

180　200

排水は勾配があるため床懐内に納まるかの確認をする

6　設備の考え方と設備工事の勘どころ

冷暖房設備の考え方

個別方式とセントラル空調方式

　冷暖房設備には、個別方式とセントラル方式があります。個別方式は、室ごとに温感による個人差対応や在室のみ空調できて経済的で、住宅などで多用されています。室内機の形状は、壁掛け型、壁隠蔽型、天井カセット型、天井隠蔽ダクト接続型、床置き型などがあります。

　セントラル方式は、建物全体を同一温度にでき、調湿・空気清浄も組込み可能でメンテナンス性に優れています。空調吸込み口（リタン）は、廊下など1カ所から吸い込み、各室には吹出口のみ設置するため、部屋と廊下の間に、リタン用の風量に応じた開口面積のバイパスガラリを設置します。

床暖房の考え方

　床暖房は、エアコンに比べ空気の攪拌（対流）が少なく、輻射熱により人を直接温めるため、吹抜けや大空間に適しており、快適で効率のよい暖房設備です。しかし、床暖房は立上りが遅く、すぐ温まりたい場所では不向きなため、設置に際しては用途・場所に適した計画が必要です。

　床暖房の熱媒体には電気式（電熱線）と温水式のほか、深夜電力を利用した蓄熱式もあります。

　電気式は、温水式と比較し温水配管がないので施工しやすく、設置費用も安価です。温水式は、ランニングコストが安く、温水温度を変えることによって立上り時間を早められる利点があります。

　床暖房の設置に適した部屋は、長時間滞在するリビングや寝室・キッチンであり、暖房の立上りが床仕上げによって1〜3時間程度かかるので、プログラムタイマー付きコントローラーを選定します。

　洗面室やユーティリティ・脱衣室など不定期に使用する室は、床暖房を常時運転で使用するか、立上りの早い電気ヒーターとします（図94）。

> 冷暖房方式は、用途・目的に応じて選択します

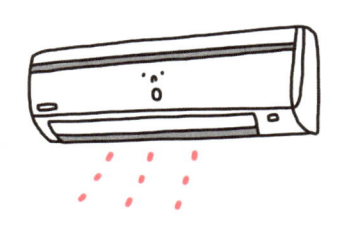

図94

床暖房の種類

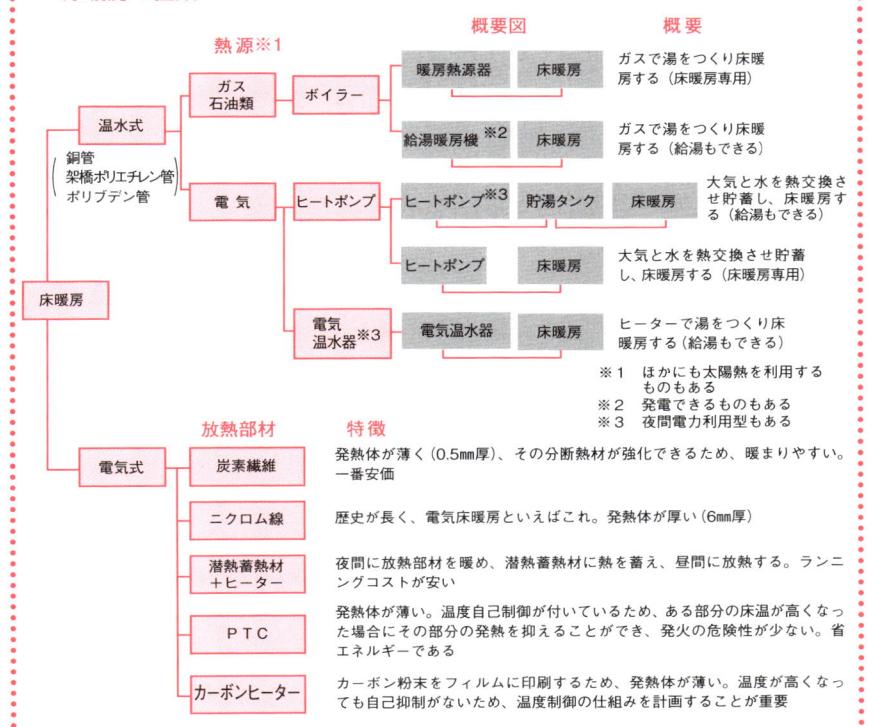

熱源※1

- 温水式（銅管／架橋ポリエチレン管／ポリブデン管）
  - ガス石油類 → ボイラー
    - 暖房熱源器 — 床暖房：ガスで湯をつくり床暖房する（床暖房専用）
    - 給湯暖房機※2 — 床暖房：ガスで湯をつくり床暖房する（給湯もできる）
  - 電気
    - ヒートポンプ
      - ヒートポンプ※3 — 貯湯タンク — 床暖房：大気と水を熱交換させ貯蓄し、床暖房する（給湯もできる）
      - ヒートポンプ — 床暖房：大気と水を熱交換させ貯蓄し、床暖房する（床暖房専用）
    - 電気温水器※3
      - 電気温水器 — 床暖房：ヒーターで湯をつくり床暖房する（給湯もできる）

※1 ほかにも太陽熱を利用するものもある
※2 発電できるものもある
※3 夜間電力利用型もある

放熱部材／特徴

- 電気式
  - 炭素繊維：発熱体が薄く（0.5mm厚）、その分断熱材が強化できるため、暖まりやすい。一番安価
  - ニクロム線：歴史が長く、電気床暖房といえばこれ。発熱体が厚い（6mm厚）
  - 潜熱蓄熱材＋ヒーター：夜間に放熱部材を暖め、潜熱蓄熱材に熱を蓄え、昼間に放熱する。ランニングコストが安い
  - PTC：発熱体が薄い。温度自己制御が付いているため、ある部分の床温が高くなった場合にその部分の発熱を抑えることができ、発火の危険性が少ない。省エネルギーである
  - カーボンヒーター：カーボン粉末をフィルムに印刷するため、発熱体が薄い。温度が高くなっても自己抑制がないため、温度制御の仕組みを計画することが重要

ほかに、コンクリートに電気放熱材または温水を埋設して蓄熱する床暖房もある（顕熱蓄熱）。また、温風を床下に通し床面を暖める「オンドル」がある

熱の伝わり方

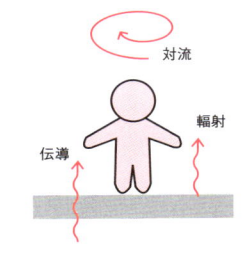

対流／輻射／伝導

床暖房は、床から足もとへ伝わる → 熱伝導
床から発する → 輻射熱
床を暖めることによる → 自然対流

が組み合わさって室内居住空間温度がほぼ一定になる。ルームエアコンの場合はファンにより強制的に空気を対流させるので、温度ムラが起こりやすい

6　設備の考え方と設備工事の勘どころ

換気設備の考え方

排気口と給気口

　居室を有する建築物は、建築基準法で機械換気による24時間換気が義務付けられています。機械換気では、方式にかかわらず、空気の流れをつくり建物全体を換気する計画が重要です。

　排気口は、湿気や匂い、化学物質・燃焼ガスの発生する室に設置し、室内を負圧にして漏気を防ぎます。給気口は、居室や火気使用室など酸素を要求される室に設置し、冬場に冷風によるドラフトを感じさせず、コンロなど火気器具の燃焼を妨げない位置とします。

　住宅用途では、トイレや浴室に常時排気ファンを設置し、給気は居室・キッチンに自然給気口を設置し、居室扉にアンダーカットをとる方法などがあります。

　主寝室は遮音を重視し、クロゼットなどに常時排気ファンを設置して扉にアンダーカットをとらないようにする場合もあります。暖炉などの自然排気機器がある場合は、排気筒からの逆流も考慮します。搬送動力は増えますが、前述の居室・キッチンの自然給気口を給気ファンに変更すると、風圧や温度差による各室の給気量変動に左右されない計画換気ができます。

全熱交換型給排気ファン

　24時間全館空調方式と組み合わせて、全熱交換型給排気ファンを設置する方法もあります。外気と室内空気を熱交換して空調負荷が軽減でき、給気フィルターの交換が1カ所で済みます。

　しかし、レンジフードなど、排気量の多い局所換気を行うと給排気のバランスが崩れるため、対応としては機械による給排気（第1種換気）とするか、自然給気口を設置しレンジフードと連動して開閉させるようにします（図95）。

　この方式ではダクト配管となるので天井懐高さが必要になります。梁貫通の場合は貫通個所が相当数必要となるため、梁下を通すように計画しなくてはなりません。

> 機械換気では、空気の流れをつくり、建物全体を換気することが重要です

図95

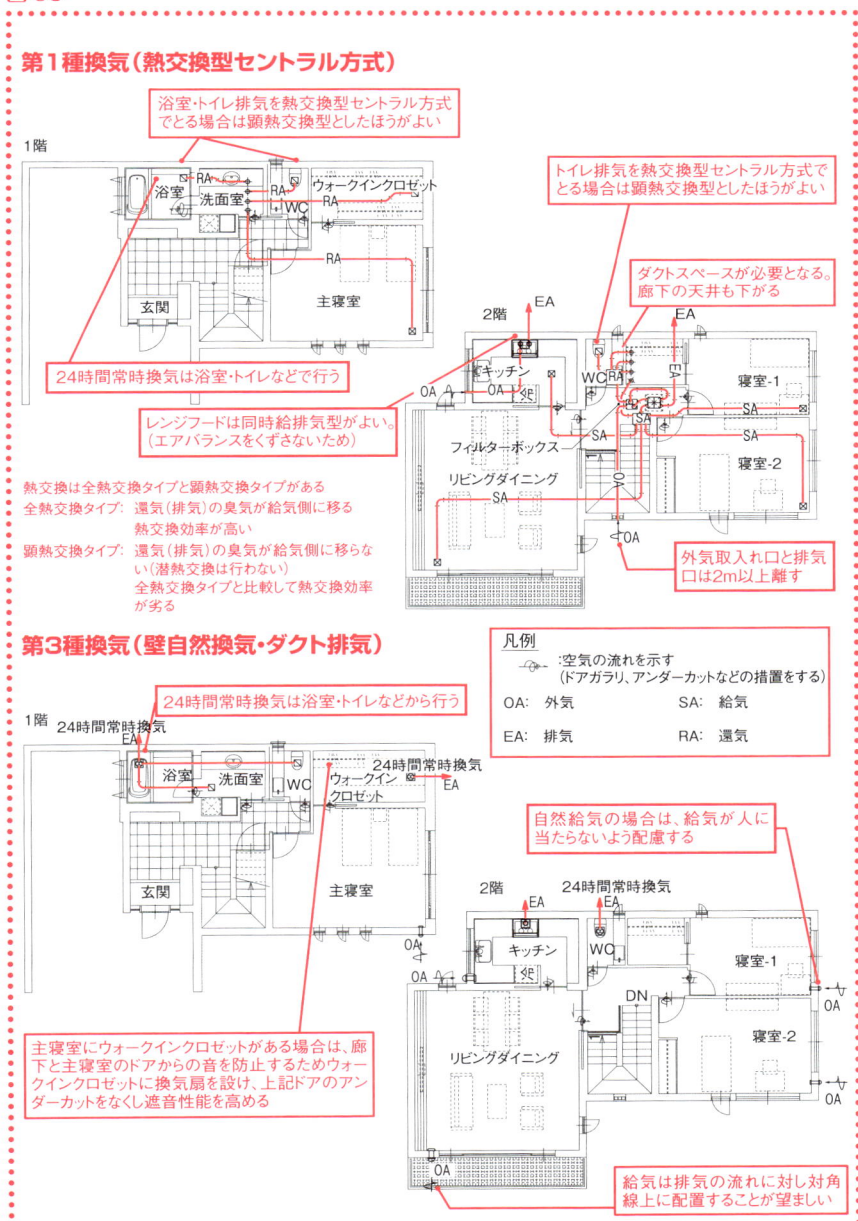

第1種換気（熱交換型セントラル方式）

浴室・トイレ排気を熱交換型セントラル方式でとる場合は顕熱交換型としたほうがよい

トイレ排気を熱交換型セントラル方式でとる場合は顕熱交換型としたほうがよい

ダクトスペースが必要となる。廊下の天井も下がる

24時間常時換気は浴室・トイレなどで行う

レンジフードは同時給排気型がよい。（エアバランスをくずさないため）

外気取入れ口と排気口は2m以上離す

熱交換は全熱交換タイプと顕熱交換タイプがある
全熱交換タイプ：還気（排気）の臭気が給気側に移る
　　　　　　　　熱交換効率が高い
顕熱交換タイプ：還気（排気）の臭気が給気側に移らない（潜熱交換は行わない）
　　　　　　　　全熱交換タイプと比較して熱交換効率が劣る

第3種換気（壁自然換気・ダクト排気）

24時間常時換気は浴室・トイレなどから行う

凡例
→：空気の流れを示す
　　（ドアガラリ、アンダーカットなどの措置をする）
OA： 外気　　　SA： 給気
EA： 排気　　　RA： 還気

自然給気の場合は、給気が人に当たらないよう配慮する

主寝室にウォークインクロゼットがある場合は、廊下と主寝室のドアからの音を防止するためウォークインクロゼットに換気扇を設け、上記ドアのアンダーカットをなくし遮音性能を高める

給気は排気の流れに対し対角線上に配置することが望ましい

6　設備の考え方と設備工事の勘どころ

電気設備の考え方

負荷容量と引込み方式

　建物の電力の計画では、使用する負荷容量（電力量）を決め、コンセント数、照明器具、空調機などの負荷が決定済みの場合は、それらの負荷を積み上げた値とし、未定の場合は住宅であれば実績値をもとに想定します。

　建物に電力を引き込むには、高圧引込みと低圧引込みの2種類があります。戸建て住宅では一般に低圧引込みとしますが、架空で電力を引込む方式として敷地内に引込柱を設ける方式と外壁に金物を取付けて引き込む方式があります。ビルや共同住宅などで負荷容量が50KVA以上だと、高圧引込みとなり変電設備（キュービクルなど）とその設置場所の確保が必要となります（図96）。

配管・配線計画

　引き込まれた電力は、電力量計から分電盤にて各負荷（照明、コンセント、設備機器）に分岐されます。電力量計は検針の支障とならない場所に、分電盤は負荷が集中する付近に設置します。分圧盤と配管はなるべく躯体には打ち込まず、分電盤に集中する配管量を減らします。意匠的に隠蔽する場合は、ブレーカー操作に支障がないようにします（図97）。

建物内部の照明計画

　照明計画では、光源（ランプの種類）の違いによる光の特徴や見え方を理解し、建て主との打ち合わせの上、建て主の嗜好などを正確に把握します。

　建物内部の照明には、ベース照明（全般照明）とスポット照明（局所照明）があります。計画するときは、まず部屋全体の照度を確保し、次にスポット照明の配置をするようにします（図98）。

　器具の選定では、高所などのメンテナンスやランプの交換を考慮します。

　建物外部については、門廻り、アプローチや庭・ライトコート部分と建物周囲について照明計画を行います。

> 建て主の意向を汲み、複雑な計画をせずに、簡潔コンパクトにまとめましょう

図96

引込みから端末までの配線系統

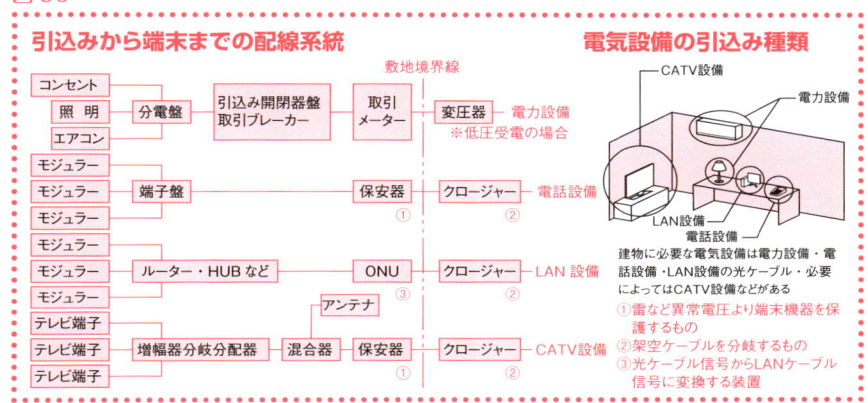

敷地境界線

コンセント — 分電盤 — 引込み開閉器盤／取引ブレーカー — 取引メーター — 変圧器 — 電力設備
照明
エアコン
※低圧受電の場合

モジュラー — 端子盤 — 保安器① — クロージャー② — 電話設備
モジュラー
モジュラー

モジュラー — ルーター・HUB など — ONU③ — クロージャー② — LAN設備
モジュラー

テレビ端子 — 増幅器分岐分配器 — アンテナ／混合器 — 保安器① — クロージャー② — CATV設備
テレビ端子
テレビ端子

電気設備の引込み種類

CATV設備
電力設備
LAN設備
電話設備

建物に必要な電気設備は電力設備・電話設備・LAN設備の光ケーブル・必要によってはCATV設備などがある

① 雷など異常電圧より端末機器を保護するもの
② 架空ケーブルを分岐するもの
③ 光ケーブル信号からLANケーブル信号に変換する装置

図97 分電盤（住宅用）の構造

高機能住宅用分電盤

付属機能	内容
過電流警報装置	電気使用状況の表示と使いすぎの音声通知
感震機能	地震時に警報を発し電気を安全に遮断する
避雷機能	雷によるサージをカットしパソコンなど家電製品を保護する

高性能住宅用分電盤

付属機能	内容
コード短絡保護同瞬時遮断機能	コンセント接続機器のケーブル短絡を感知し瞬時遮断
高遮断機能	従来の定格遮断電流の保護範囲を拡大

その他の住宅用分電盤機能

付属機能	内容
保安灯付	停電時バッテリーにより保安灯を点灯
ピークカット機能	使いすぎを知らせ設定機器を停止し主幹がおちないようにする

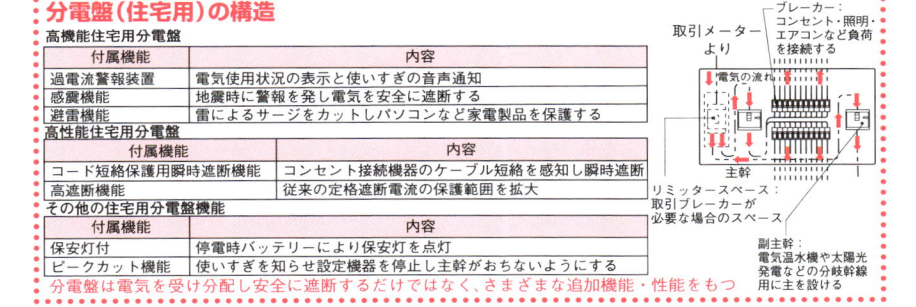

分電盤は電気を受け分配し安全に遮断するだけではなく、さまざまな追加機能・性能をもつ

取引メーターより
ブレーカー：コンセント・照明・エアコンなど負荷を接続する
電気の流れ
主幹
リミッタースペース：取引ブレーカーが必要な場合のスペース
副主幹：電気温水機や太陽光発電などの分岐幹線用に主を設ける

図98 ランプの種類

ランプの種類	蛍光灯		白熱ランプ			LED	
姿図	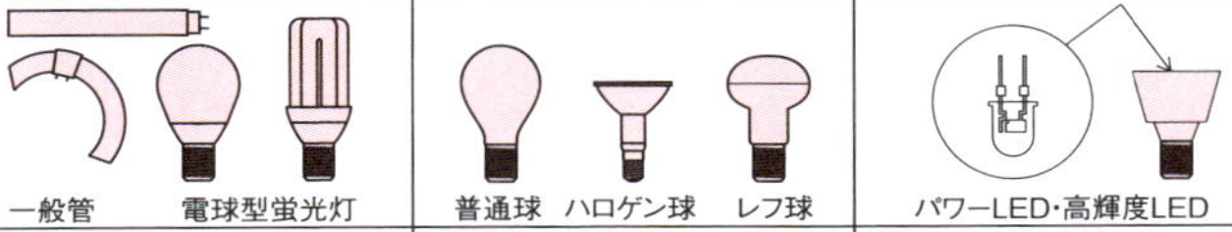 一般管	電球型蛍光灯	普通球	ハロゲン球	レフ球	パワーLED・高輝度LED	
ランプの性質	拡散光が得られ影ができにくい		色彩再現化に優れ、陰影のある空間演出			輝度が高く赤・紫外線をほとんど含まない	
主なW数（W）	10、15、16、20、25、30、32、40、65、86		10～100			1.8、2.2、2.7	
電球寿命（時間）	約6,000～15,000時間		約1,000～2,000時間			約40,000時間（ただし、光束70%に至る平均）	
光束（lm）	サークライン20W=1,060lm／電球型15W=810lm		60W=810lm			2.2W=40lm	

6　設備の考え方と設備工事の勘どころ

給排水・衛生設備工事

給排水・衛生設備工事の施工図にはスリーブ図・ピット図・各階平面図・外構図・詳細図（機器廻り、機械室）・断面図、系統図などがあります。

各種の確認

スリーブ図では、スリーブの口径・位置・数・ルートなどを設計図と照合します。梁貫通の構造基準、排水管の勾配などを図面上で確認します。ピット図・各階平面図では、配管ルート・配管径・配置を設計図と照合しながら適切かどうかを確認します。

外構図では、排水管の勾配・桝内の高低差を計算しながら、最終桝となる公設桝の深さに問題がないか確認します。

断面図では、配管が床内・天井内で納まるかどうかを確認し、配管の交差部分の納まり、排水管の勾配による納まり、ほかの機器との絡み、折上げ天井などの建築的な納まりを確認します。

施工図は実際に施工するための図面なので、機能が果たせるのか・納まりはよいのか・法を満たしているかを常に念頭においてチェックします。

施工時に確認すべきこと

現場で確認するのは構造材を貫通するスリーブが第一です。スリーブが足りず後でコア抜きをしないようしっかりと確認します。

施工中は設計図・施工図通りに施工が進んでいるかを確認しつつ、配管の管種・管径・保温仕様・区画貫通処理などが適切に行われているかを確認します。

さらに、配管・機器類の固定・支持は適切か、間隔は適切か、排水管の勾配は適切かなどを確認します（図 99）。

衛生工事の中で一番怖いのが水漏れであり、圧力のかかる配管には水圧テスト、排水管などの非圧力配管には通水（満水）テストを専門工事会社に行わせ確認します。

竣工時には、設計通りの性能が出ているか機器類の性能データを確認します。

> 床下・天井内の配管は勾配など管径にプラスした寸法が必要なので注意して確認しましょう

図99

給排水衛生工事の現場チェック

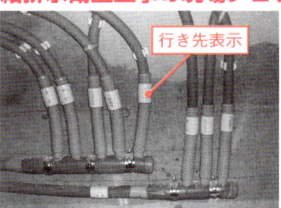

サヤ管ヘッダー工法のヘッダー廻り（行き先表示）

排水槽の点検口下に釜場がありポンプ配管があり降りられない（穴埋め忘れ／ポンプ／トラップ）

施工中の材料、ゴミが入らないように養生をする（配管養生）

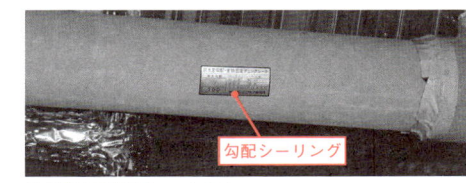

排水管の勾配をチェックする（勾配シーリング）

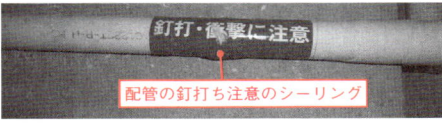

被覆銅管（給湯管）の施工中の注意書き（釘打・衝撃に注意／配管の釘打ち注意のシーリング）

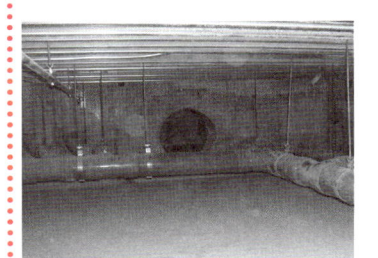

ピット内排水管配管状況。支持間隔、揺れなどのチェックが必要

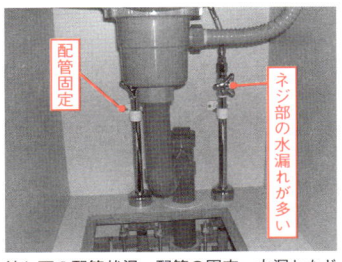

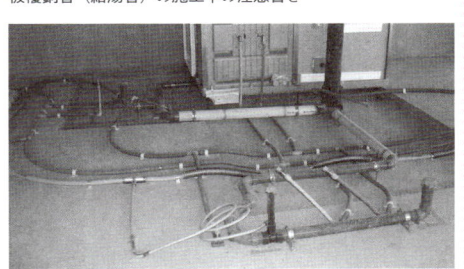

床コロガシ配管状況。配管支持、排水管勾配をチェック

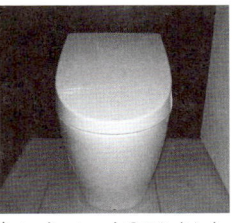

流し下の配管状況。配管の固定、水漏れなどをチェック（配管固定／ネジ部の水漏れが多い）

ウォッシュレットのコンセント、配線が見えない

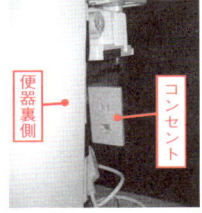

便器裏側にコンセント、配線を隠した（便器裏側／コンセント）

6　設備の考え方と設備工事の勘どころ

電気設備工事

施工図の確認事項

　電気工事の施工図は建物の配管・配線ルート・設備機器との取合いを示した図面です。分電盤の取付け位置、配線・配管種別の確認、配線の条数（電源線・接地線・帰り線）、他階への立上げ下げ配管の関係、回路構成（分岐回路の過負荷、負荷の偏りなど）、照明、スイッチの配置や点滅方式（例えば片切・3路スイッチの関係など）、コンセントの種別・配置（外部・内部用の区別、接地端子付きなど）設備機器への電源供給、図面縮尺、凡例記載の有無、建築図（扉の開き勝手、間仕切り位置など）など、記入ミスや漏れを含めチェックします。

　近年、IHヒーター、電気式床暖房、マルチ型エアコン、エコ給湯器などの高負荷設備機器の需要が増えており、これらの機器は単独回路で構成されるため、電気容量に応じてケーブルサイズ、分岐開閉器のサイズアップが必要です。

施工中の確認事項

　施工中は下記事項について確認します。接地工事では5.5㎟以上のケーブルに水切端子が接続してあるか。型枠建込作業時ではコンクリート埋設配管が鉄筋に2m間隔以内で配管支持（結束）されているか。配管の曲げ半径は管内径の6倍以上を確保しているか。天井隠蔽配線を天井吊ボルトにケーブルハンガーなどで支持しているか。高圧・低圧・弱電ケーブルとの離隔距離は確保されているか。ケーブル固定間隔は水平面2m以下・垂直面1m以下で支持されているか。

竣工直前の確認事項

　竣工直前は、外構廻りの電力ケーブル引込み地点の地表高、近隣への越境、引込み口の雨水浸入処理の確認を行い、屋内ではスイッチの点灯やコンセントの通電、照明器具や分電盤の取付け状況、分岐回路の行先表示札の有無を確認します（図100）。

> コンセントや照明スイッチなど、使い勝手上重要なものは念入りにチェックしましょう

図100

躯体時の現場チェック

アウトレットボックスを建て込みした状況。これからCD管を接続する

スラブ配管状況。PF管（PF単層波付管）とコンクリートボックス

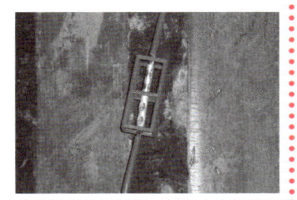

水切端子の接続例。鉄筋との接触を防ぐ部材

中間時の現場チェック

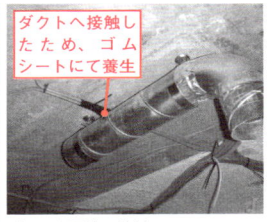

ダクトへ接触したため、ゴムシートにて養生

ダクトと配線の接触

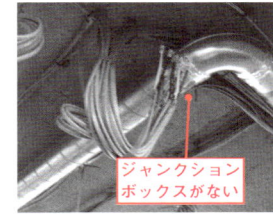

ジャンクションボックスがない

天井裏の配線の処理の様子

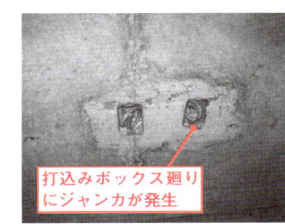

打込みボックス廻りにジャンカが発生

コンクリート打設後に型枠解体した状況

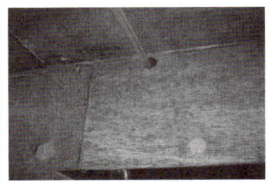

従来のボイド貫通からCD管を使用することにより、ケーブル保護も兼ねる

ケーブルに断熱材が吹き付けられている

養生不良の例

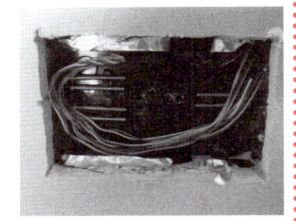

マルチメディアコンセント用裏ボックス

施工時の現場チェック

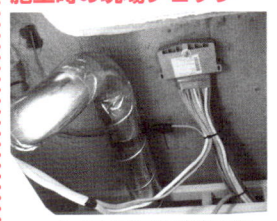

ユニットバス点検口内の配線状況

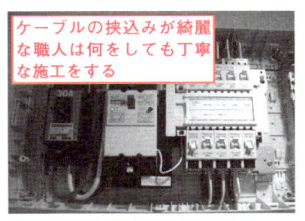

ケーブルの挟込みが綺麗な職人は何をしても丁寧な施工をする

分電盤取付け状況の確認をする

電気・ガス・水道メーターの共存（この塀建て板で防爆処理をしている）

空調設備工事

　空調設備工事の施工図にはスリーブ図、各階平面図、断面図、外構図、詳細図（機器廻り）、系統図などがあります。

　給排水設備と同様、スリーブの大きさ、位置を確認します。空調設備はダクトスリーブがあるため、スリーブが大きくなります。梁に絡む場合は構造的に貫通が可能かどうか確認します。

　各階平面図では、吹出し口・吸込み口の位置、配管・ダクトの経路・サイズはよいか、換気の大気開放位置はよいか、区画、延焼ライン部にFDが取り付いているかを確認します。点検口の位置、機器の位置を確認し点検できるかを確認します。断面図では、機器類、ダクト、照明器具、折上げ天井との絡みはどうかを平面図とともに合わせて確認します。換気ダクトが外部に向かって外勾配となっているかも確認します。

　外構図では、室外機の位置がポイントになります。隣地に風を吹出してしまったり、狭い部分に設置したため熱交換が不十分となり冷暖房が効かなくなったり、室外機と室内機の距離が長くなり過ぎたり、室外機の前に木が植えられていて吹き出す風で枯らしてしまったりするなどの問題があるので、十分な注意が必要です。

施工中の確認事項

　空調設備も給排水衛生設備と同様スリーブから始まります。構造の補強が必要になるので、その補強についても確認が必要です。

　施工中は、設計図・施工図通りに施工が進められているかを確認します（図101）。

　構造の補強が必要な場所の確認、ダクトの材質、サイズ、保温・断熱仕様、固定、支持方法、区画貫通部の処理、延焼ラインにおけるFDの設置などを確認します。

竣工時の確認事項

　竣工時は設計通りの性能が出ているか機器類の性能データを確認します。機器類はスイッチを入れ、正常な作動を確認し、空調吹出しの風向き、音の確認も行います。

> 仕上がりや使用環境を考えながら施工図のチェックを行いましょう

図 101

空調工事の現場チェック

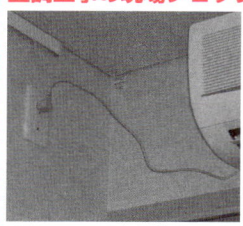

エアコンとコンセントの位置が悪い

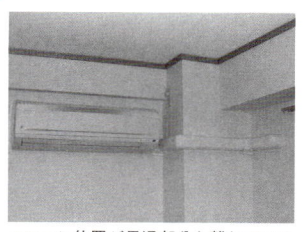

エアコン位置が貫通部分と離れている

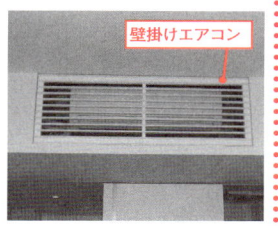

壁掛けエアコン
エアコンがガラリ内に設置され、吹出しがうまくいかず空調が効かない

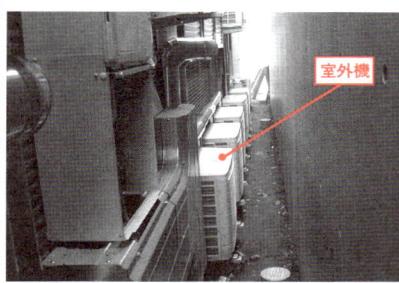

室外機
室外機の前に塀があり、熱交換に支障をもたらす

屋上に室外機をまとめて設置。雨仕舞いをチェック

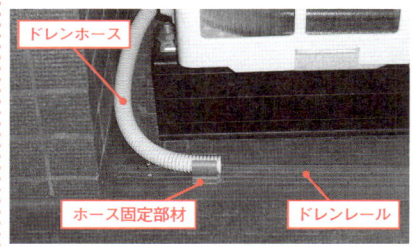

ドレンホース
ホース固定部材 **ドレンレール**
バルコニーにドレンを流す場合の一例

実際に水を流し漏れのないことを確認する

ダクトは外勾配に

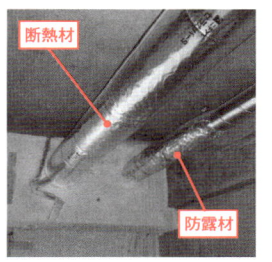

断熱材
防露材
レンジフードダクトの断熱材と、防露材を巻いている状況

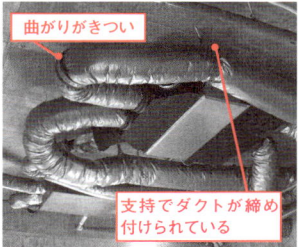

曲がりがきつい
支持でダクトが締め付けられている
空調保温付きフレキシブルダクトの施工状況

6 設備の考え方と設備工事の勘どころ

佐藤秀（さとうひで）
1929年、建築家であった創業者佐藤秀三が、自ら施工まで一貫して手がけたいとの決意により創業。以来80余年、個人住宅からマンション、オフィスビル、商業施設、教育・医療福祉施設、宗教施設、ホテル等まで幅広く設計・施工を手掛け、高品質な建物づくりを目指している。

星野仁・坂井和彦・鈴木則次・持田千鶴・高巣昌二（以上、設計部）
伊勢文明・荒木伸哉（以上、品質管理室）
田辺雅弘・中篠靖三・武田強司・栗原敏昭・松原滋・青木之宏・木下吉広（以上、生産技術部）

SH建築事務所
2003年、佐藤秀の設計部門から分社化し、建築の企画、意匠、構造、設備、電気の各設計業務から、建築に関わる仮設計画、仮設申請、施工図作成業務まで幅広く手掛ける総合建築コンサルタント会社として事業を展開している。

中島宏治・嶋川健二・石川直・稲野辺雄一・小林保郎・高田恵里
井上盛男・永井浩二・佐藤康平・長澤集・水田敦・近江洋紀

ゼロからはじめる建築知識
03 鉄筋コンクリート造

発行日	2010年7月20日　初版第1刷発行	
	2018年3月9日　　　第3刷発行	
著　者	佐藤秀　SH建築事務所	
発行者	澤井聖一	
発行所	株式会社エクスナレッジ	
	〒106-0032	
	東京都港区六本木7-2-26	
	販売部　TEL:03-3403-1321	
	FAX:03-3403-1829	
	URL:http://www.xknowledge.co.jp/	
編集協力・本文デザイン	廷々史哉・橋村浩／パルス・クリエイティブ・ハウス	
	松田　力／松田建築設計事務所	
イラスト	高村あゆみ	
カバー・表紙デザイン	細山田デザイン事務所	
印刷・製本	大日本印刷	

落丁・乱丁本は販売部にてお取り替えします。
本書の内容（本文、図表、イラストなど）を当社および著者の承諾なしに無断で転載（翻訳、複写、データベースの入力など）することを禁じます。
ISBN978-4-7678-1013-3
Ⓒ SATOHIDE CO.LTD. Ⓒ SH KENCHIKU JIMUSHO CO.LTD. 2010 Printed in Japan